La liberación humana.

Carolina Hernández

Raúl Montero.

Carolina Hernández / Raúl Montero

La liberación humana.

©Carolina Hernández/ Raúl Montero.

Primera edición: Diciembre 2019.

Campeche, México.

ISBN: 9798634331508.

DEDICATORIA

"No es el hombre crítico el que importa; ni el que se fija en los tropiezos del hombre fuerte, ni en que ocasiones el autor de los hechos podía haberlo hecho mejor. El mérito es del hombre que está en el ruedo, con el rostro cubierto de polvo, sudor y sangre; del que lucha valientemente [...] del que, en el mejor de los casos, acaba conociendo el triunfo inherente a un gran logro, y del que en el peor de los casos, si fracasa, al menos habrá fracasado tras haberse atrevido a arriesgarse con todas sus fuerzas".

Theodore Roosevelt.

Este libro está dedicado a todas aquellas personas que luchan incansablemente por construir un mundo mejor, gracias por atreverse a arriesgarse.

Carolina Hernández / Raúl Montero

IV

ÍNDICE

INTRODUCCIÓN. 1

PARTE I: EL NUEVO LENGUAJE DE LA EDUCACIÓN 7

–CAPÍTULO I: LA EDUCACIÓN ES UN TEMA DE VIDA...9

–CAPÍTULO II: LA TECNOLOGÍA, UN FACTOR QUE REVOLUCIONARÁ TODO. 13

–CAPÍTULO III: PROGRAMANDO EL FUTURO 19

–CAPÍTULO IV: HÉROES ACTUANDO DE MANERA AISLADA. 23

–CAPÍTULO V: HACIA UNA EDUCACIÓN INTEGRAL...27

–CAPÍTULO VI: PROPUESTA DE SOLUCIÓN. ...29

PARTE II: LA LIBERACIÓN HUMANA....................37

–CAPÍTULO VII: PAÍSES RICOS MURIENDO DE HAMBRE....................39

–CAPÍTULO VIII: LA CUARTA REVOLUCIÓN INDUSTRIAL. ¿EN EL UMBRAL DE LAS OPORTUNIDADES O DEL DESASTRE?..............43

–CAPÍTULO IX: DIME EN QUÉ MUNDO QUIERES VIVIR Y ENCONTRARÁS UNA SOLUCIÓN......47

–CAPÍTULO X: AUTOMATIZACIÓN Y LOS MUNDOS POSIBLES....................53

–CAPÍTULO XI: EL ESTADO HÉROE O VILLANO....................61

–CAPÍTULO XII: PROPUESTA DE LA "LIBERACIÓN HUMANA"....................67

–CAPÍTULO XIII: EL CONSENSO DEL PUEBLO....................85

–CAPÍTULO XIV: MÉXICO Y LATINOAMÉRICA: EXPANSIÓN DE DERECHOS Y LIBERACIÓN HUMANA 2020-2045...89

–CAPÍTULO XV: LA FUERZA DEL PUEBLO.......95

–CONCLUSIÓN 97

BIBLIOGRAFÍA...99

VIII

INTRODUCCIÓN.

Imagina que un día despiertas por la mañana y te encuentras en un mundo donde tienes nuevos derechos, donde el alimento es algo que tienes asegurado por el simple hecho de existir, un mundo donde la vivienda digna no es algo que tienes que comprar o arrendar, sino algo que se te da porque eres un ser humano; imagina un mundo donde puedes trasladarte a cualquier parte de tu ciudad o de tu país sin tener que gastar nada en tu transporte ya que tienes el derecho a desplazarte sin límites.

Imagina un mundo donde puedes adquirir la vestimenta y el calzado sin mirar su coste, pues es tu derecho como individuo, es un derecho humano para la protección de tu cuerpo. Tan solo imagina y pregúntate si te gustaría un mundo así para ti y para tu descendencia, que tengamos derecho a los bienes básicos que permiten el desarrollo de nuestra vida de manera gratuita, y el dinero que ganemos en el trabajo al que nos dediquemos sea para fines recreativos, o para la compra de artículos que nos aporten en otros aspectos que no sean la supervivencia. Un mundo donde nadie muera de hambre ni de frío, donde las personas en estado de vulnerabilidad no existan, donde es impensable ver a los niños en la calle trabajando por sobrevivir, un mundo donde no pensemos que por perder el empleo no tendremos para darle alimento, vestido y un hogar digno a nuestras familias. Un mundo donde las preocupaciones por la adquisición de bienes para la subsistencia básica no existan, ya que se tratará de un derecho y entonces nuestra única preocupación como individuos sea nuestro desarrollo personal y la colaboración con la sociedad.

Apostar por la creación de este nuevo mundo, sería poner las bases para una verdadera evolución de la mente humana, imagina que las prioridades en tu mente no sean conseguir dinero para alimentarte y poder pagar un lugar donde vivir, sino tus prioridades sean disfrutar la vida y convivir más tiempo con los tuyos, pero sobre todo darle la libertad a tu mente de crear cosas que traigan beneficios para ti y para la sociedad. En esta nueva realidad de la que te hablamos el individuo no compite por el alimento, sino que construye con sus similares instrumentos sociales y materiales para alcanzar más y mejores derechos que le den bienestar al ser humano, cosas que posiblemente aún no hemos imaginado.

Decía Aristóteles que el fin último del hombre es ir en búsqueda de la "eudaimonía", es decir, ir en búsqueda de la felicidad, nosotros creemos en esa filosofía, pues desde nuestro punto de vista no existe fin más noble que ese. El humano vino al mundo a ser libre, no a ser esclavo de sistemas, dogmas e ideologías y este, como dice Aristóteles, debe construir su propio camino a la "eudaimonía" y no ser presa de una esclavitud pagada.

¿Pero cómo llegar a este mundo ideal? ¿Es posible? Nosotros creemos que sí, es posible y es tarea de todos luchar por esto. Es por ello que se escribió este libro, para exponer las posibilidades infinitas que tenemos como humanidad.

Sabemos y somos conscientes que después de haber leído este prefacio puedes sentirte un poco escéptico acerca de las ideas aquí planteadas, si ese es tu caso, solo te pedimos nos des una oportunidad para explicar y mostrarte que es posible; nuestra herramienta principal para lograrlo no será ningún sistema económico llámese capitalismo, socialismo, comunismo etc. Si no una simple expansión de los derechos del humano con la ayuda de algo tangible y concreto como lo es la tecnología, esto combinado con una nueva forma de entender el mundo, que fácilmente puede ser proporcionada mediante una adecuada educación. Solo te pedimos una oportunidad y comprenderás al igual que nosotros que debemos luchar por este mundo futuro no solo para ti, sino también para nuestras futuras generaciones, consigamos no un mundo donde la ley del más fuerte predomine, sino un mundo con una filosofía de vida distinta, un mundo más cooperativo, pero sobretodo un mundo que aspire al desarrollo perpetuo del individuo donde este sea libre en todo sentido.

Por ello te invitamos a que nos acompañes en la lectura de este texto, descubramos el poder de la educación y la tecnología trabajando en conjunto para traer bienestar al individuo, esa libertad de la humanidad que proponemos.

Es importante que sepa que el libro está dividido en dos partes, de acuerdo al orden de lo que consideramos prioritario, en la primera parte abordaremos el tema que es la piedra angular de este nuevo mundo, la educación. La educación es el origen de las transformaciones, lamentablemente el tipo de educación que están recibiendo los niños y jóvenes en nuestras escuelas actualmente está empezando a quedarse obsoleta, abordaremos qué problemáticas y retos se avecinan al respecto y que soluciones en el corto plazo podemos hacer para corregirla. En la segunda parte abordaremos el tema de cómo aspirar a la liberación humana, esta propuesta del mundo del cual le hemos hablado donde el humano puede expandir sus derechos mediante la tecnología, apuntalando con razonamientos fundamentados de porque debemos empezar a trabajar desde ahora en torno de esa lógica aristotélica que "el bien común es el bien de todos".

6

PARTE I:

EL NUEVO LENGUAJE DE LA EDUCACIÓN

8

CAPÍTULO I.
LA EDUCACIÓN ES UN TEMA DE VIDA.

El asunto de la educación es un tema literalmente de vida o muerte, el hecho de no recibir una educación de calidad ya sea por parte de la escuela o por parte de la familia, que no nos dote de las herramientas que necesitamos para desenvolvernos óptimamente en la sociedad, puede ser algo sumamente dañino no solo para el individuo que no la recibe si no para la sociedad en sí misma, esto puede sonar exagerado si no se vive de cerca este tipo de situaciones, a continuación te explicaremos a qué nos referimos.

El gran filósofo suizo Alain de Botton en su libro *Ansiedad por el Estatus* explica que la presión que la sociedad actual pone sobre el individuo para que este aspire por un estatus cada vez más alto va desencadenando en él trastornos psicoemocionales, al punto que se genera una angustia por el éxito ajeno, pues mientras mejor les vaya a sus vecinos y conocidos más presión habrá sobre el individuo, causando lo que él denomina "ansiedad por el estatus". El investigador Andrés Peixoto (2006), explica lo siguiente al respecto de este tema:

Según Alain de Botton, la sociedad capitalista ha inventado una idea. No importa de dónde provenga uno, como luzca o quienes sean sus padres, lo fundamental es que todo puede ser distinto si se tiene la voluntad para lograrlo. Es una idea que ciertamente seduce por su optimismo. Pero al mismo tiempo, es una idea muy cruel, porque la mayor parte de nosotros no puede, por más que quisiera, transformar su vida. "Es muy peligrosa una sociedad que insiste en que todo puede ser distinto dependiendo de nosotros; causa enormes niveles de ansiedad y depresión".(pág.81)

Es un planteamiento muy fuerte pues se nos explica que nuestro actual sistema crea una enorme presión social sobre el individuo, al punto que esta va desencadenando en trastornos como la ansiedad y depresión, fenómenos que se presentan en la actualidad más intensamente en los jóvenes. Si a esto le agregamos el hecho de que el individuo se desarrolle en un ambiente vulnerabilizado (algo común en nuestros países latinoamericanos) donde es expuesto a las carencias económicas y en algunos casos a violencia de diversos tipos, es muy probable que este termine desarrollando conductas autodestructivas como el alcoholismo, drogadicción, conductas antisociales como la delincuencia y en las peores situaciones suicidio, comportamientos que disminuyen dramáticamente su tiempo y calidad de vida, convirtiéndolo finalmente en víctima del sistema.

¿Qué nos puede salvar?, en la investigación que realizamos sobre los "casos excepcionales"[1], donde se hace referencia a aquellos individuos que a pesar de las adversidades económicas y sociales lograron salir triunfantes, se demostró que el factor preponderante para salvarlos de caer en conductas autodestructivas fue su exposición a una educación integral. La educación integral es aquella educación que se preocupa por enseñar al alumno no solo conocimientos técnicos si no también ética de principios e inteligencia emocional. Lamentablemente la educación que se imparte actualmente en las escuelas aún está

---

[1] Hernández, C. y Montero, R. (2018). La creación del ser extraordinario. Ciudad de México, México: Grupo Rodrigo Porrúa S.A. de C.V.

muy lejos de ser integral, es una educación enfocada solamente en la impartición de conocimientos técnicos y no formativos.

Regresando al punto inicial, el hecho de recibir una educación integral es un asunto vital, pues puede definir rotundamente el destino de los individuos, una educación integral te dotará de herramientas emocionales, mentales y técnicas que te permitirán mejorar tu calidad de vida, disminuyendo el riesgo de desarrollar trastornos emocionales como la depresión y ansiedad que como ya mencionamos el mismo sistema puede ser capaz de generarlos, así como ayudarte a sortear eficientemente las dificultades que se te presenten aun que te desarrolles en un ambiente vulnerabilizado.

Una educación integral desarrollará en el individuo un *habitus positivo*. El *habitus* es un término acuñado por el sociólogo francés Pierre Bourdieu, este podría ser definido como las estructurales mentales más fundamentales con las que opera, es decir el *habitus* es el "saber hacer" del individuo, la forma en cómo se conduce por el mundo. Ahora bien, nuestra hipótesis plantea que el *habitus* puede ser "positivo" o "negativo" ya que es moldeable. Es "negativo" cuando desarrolla en el individuo conductas autodestructivas, como las que ya hemos mencionado, y es "positivo", cuando este le permite construir bienestar tanto para él, como para la gente que lo rodea. En nuestras investigaciones hemos descubierto que este *habitus positivo* se puede construir con la enseñanza de inteligencia emocional, ética de principios, aplicación de técnicas del lenguaje positivo, enseñanza de la disciplina desde el autocontrol (sin violencia, una disciplina amorosa) por parte del instructor, padre o maestro según sea el caso, así como de otros elementos que desgraciadamente la educación tradicional no toma en cuenta.

Por ello la necesidad de empezar por el tema de la educación, la educación es clave en la calidad de vida y no solo en el sentido material si no en el sentido personal. Un nuevo tipo de educación debe ser construida pues es la piedra angular de toda sociedad, si hay una educación integral que nos forme en la ética de principios, en la técnica, en lo emocional eso nos constituirá nuevos criterios de actuación, nuevas formas de ver la vida, nos dotará de herramientas para construir una sociedad más justa y menos propensa a las conductas autodestructivas como la violencia y las adicciones. Necesitamos un nuevo tipo de educación adaptada a los tiempos actuales, una educación en constante evolución.

A lo largo de esta primera parte se explicará más a detalle el tipo de educación que proponemos así como un análisis de lo que se avecina y cómo prepararnos para afrontarlo.

CAPÍTULO II.
LA TECNOLOGÍA, UN FACTOR QUE REVOLUCIONARA TODO.

La historia del cómo nace la idea de este libro comienza de la siguiente forma, hace un tiempo, cuando recién habíamos presentado nuestro libro "La creación del ser extraordinario" un libro enfocado en la temática educativa, decidimos seguir recolectando información con la cual pudiéramos expandir el alcance de nuestra investigación y así complementar nuestro proyecto, cabe señalar que desde los inicios de nuestra investigación tuvimos algo muy claro, el papel que desempeña la educación en materia tecnológica es muy importante para el desarrollo integral del ser humano, y a pesar de haber indagado en el tema y haberlo incluido en nuestro primer libro, pensamos que en ese momento por la complejidad del tema pudimos haber hecho más, y justo en esta etapa un amigo nos recomendó que leyéramos un aparente e inofensivo estudio de la Universidad de Oxford, elaborado por los investigadores Carl Benedikt Frey y Michael A. Osborne, en el cual se pronosticaba que el 47% de los empleos corren riesgo de ser reemplazados por robots y computadoras con inteligencia artificial en Estados Unidos durante los próximos 15 o 20 años, cuando leímos esto quedamos petrificados, resulta que el inofensivo estudio de esta universidad tan prestigiosa no era ya tan inofensivo, surgió en nosotros una necesidad de saber más acerca del tema e investigar qué pasaría en lugares como México y Latinoamérica, desgraciadamente nuestra sorpresa fue mayor al descubrir que al contrario de lo que se pueda pensar, estos países serán los más afectados, pues muchos de los empleos son de manufactura, los cuales serán los primeros en desaparecer. Al seguir con nuestra investigación nos encontramos con un libro demoledor llamado, *¡Sálvense quien pueda!* del periodista Andrés Oppenheimer, en el cual se planteaba lo siguiente: *"China y los demás países manufactureros no tienen más opciones: o robotizan sus fábricas para seguir exportando a precios competitivos, o se quedan fuera del juego"*, es decir que la automatización incrementa la competitividad en precios pues uno de los costes más altos de las compañías son los salarios. En este mismo libro se exponía lo siguiente:

"La empresa consultora global Mackinsey publicaba un extenso informe titulado Disrupción tecnológica, en el cual advertía que las nuevas tecnologías dejarían sin trabajo no solo a millones de trabajadores manufactureros, sino también a entre 110 y 140 millones de oficinistas y profesionales para el año 2025".

Es decir que esta nueva ola tecnológica afectará a todos por igual, todo ello en un periodo de tiempo relativamente corto. Al terminar de leer toda esta información no pudimos evitar sentir un escalofrío en el cuerpo, ¿Qué pasaría con todas estas personas desempleadas? y sobre todo ¿Qué estamos haciendo en los centros educativos para preparar a los niños y jóvenes para este futuro que se avecina? Es cierto, hay que decirlo que no todo está perdido pues esta ola tecnológica también abrirá las puertas a otro tipo de empleos que están más relacionados con el área tecnológica, pues al automatizarse muchas cosas lo que proliferarán serán oportunidades en ese ramo, así como en sus posibles variantes. Pero algo es definitivo el que no se prepare será seriamente afectado, desgraciadamente en nuestros países latinoamericanos estas discusiones no se están teniendo y esto es nuestra mayor preocupación, es indispensable que nuestra sociedad tenga la iniciativa de empezar a tomar medidas al respecto. ¿Cuál es nuestra propuesta?, educación, educación y más educación, para nuestros niños y jóvenes en estos temas, incentivar la creatividad tecnológica a través de la programación, que es lo que están haciendo los países más desarrollados, así como complementarlo con otras herramientas que le permitan al individuo desarrollarse plenamente.

La infancia "factor clave"

Como explicamos a detalle en nuestro libro *La creación del ser extraordinario*, la infancia es un momento clave en la construcción de las estructuras mentales que nos acompañarán el resto de la vida, por ello es de suma importancia cuidar el tipo de educación que se nos proporciona, si en esta etapa se nos abona con habilidades que podrían ser útiles en el futuro, esto podría cambiarnos la vida; para que nos demos una idea de lo que estamos planteando les hablaremos de una entrevista que hace años se le hizo al afamado creador de la empresa Apple, Steve Jobs, conocida como *"Steve Jobs: Entrevista perdida"* realizada en el año de 1995, él como todos sabemos ha sido considerado como uno de los más grandes innovadores en materia tecnológica de su época, introdujo el mouse, la tipografía de iconos, así como el tipo de fuentes en su procesador de texto, gracias a él se popularizó el uso de computadoras personales en casa como un artículo más que toda familia debería tener. En resumen fue un gran revolucionario de su tiempo, y en esta entrevista nos habla precisamente de cómo él desde los 10 años fue expuesto al tema informático, pues vivía muy cerca de Palo Alto California, el hogar actual de las más grandes empresas tecnológicas conocido como Silicon Valley. En ese entonces se empezaba a generar apenas la dinámica de empresas de tecnología en esta región, y nos explica Steve que a esa edad conoció lo que en ese momento eran las computadoras, unas máquinas enormes que ocupaban un cuarto entero, cosa que atrapó de inmediato su atención, como a cualquier niño curioso. A la edad de 12 años él logró hablar con Bill Hewlet (uno de los fundadores de la empresa informática Hewlet Packart) por teléfono para pedirle unas piezas, y Hewlet al ver la curiosidad del niño, además de proporcionarle las piezas que requería le ofreció un trabajo de verano, el cual acepto con gusto, Steve con estas experiencias fue forjando desde muy pequeño la visión de lo que es una compañía y específicamente una tecnológica, aprendió su dinámica, el lenguaje, la forma de priorizar, construyó este *habitus* que como hemos definido es ese "saber hacer"; es decir desde muy pequeño él es expuesto a un *habitus positivo*, enfocado al área empresarial tecnológica. Steve nos habla de cómo ver el funcionamiento de la mecánica de operación de la compañía Hewlet Packart desde dentro a una edad tan temprana definió la forma en como el visualizaría en un futuro su compañía Apple. Lo que podemos ver es que no es coincidencia que uno de los hombres más revolucionarios en el tema tecnológico haya salido precisamente de ahí, de lo que hoy conocemos como Silicon Valley, pues desde muy temprana edad fue expuesto a este entorno, lo que le permitió extraer el conocimiento que necesitaba, un aprendizaje por inmersión. Estos pequeños detalles suelen ser determinantes en el futuro de una persona.

Es verdad que no todos podemos irnos a vivir a Silicon Valley, ni trabajar a una edad temprana en una empresa tecnológica, pero lo que si podemos, es ir exponiendo a nuestros niños y jóvenes a este tipo de información y de técnicas relacionadas con la tecnología, para que el mundo que se avecina no los rebase, es de alguna manera nuestra obligación acercarles los instrumentos para que en un futuro puedan hacerle frente a los cambios. Y es algo perfectamente posible pues la información gracias al internet es accesible prácticamente para todos.

En resumen si queremos genios como Steve Jobs en nuestra sociedad, debemos acercarle a niños y jóvenes los instrumentos necesarios para cambiar su entorno y no terminen siendo parte de la estadística de los desempleados que traerá el futuro tecnológico. El poder para anticiparnos a esta situación está en nuestras manos; tanto padres de familia, como maestros o líderes sociales debemos hacer conciencia y tomar acción, recuperando el poder que como individuos y como sociedad tenemos, organizándonos, discutiendo estos temas, e implementando estrategias para la mejora de nuestra sociedad.

En esta misma entrevista Jobs plantea que la única forma de hacer progresar a nuestra especie, es tomar los mejores "productos" y hacerlos llegar a todo el mundo, para que todos nos eduquemos con los mejores que existan y que empecemos a entender la sutil diferencia que supone usar estos, con estas palabras Steve nos deja claro que tener esas ventajas por mínimas que sean generan una tremenda diferencia en el futuro, es como se planteaba en unas líneas atrás si queremos que nuestros niños y jóvenes puedan generar un verdadero cambio en la sociedad en un futuro, tenemos que acercarles los instrumentos necesarios, de no hacerlo nos estamos condenando nosotros mismos, pues evidentemente no estaremos impulsando la mejora de nuestros hijos, y por consecuencia el futuro entorno que ellos construirán. Surge entonces la pregunta, si nos enfocamos al ámbito educativo, ¿Cuáles serían los mejores "productos" educativos que nos darían esta diferencia? La respuesta es clara, en nuestro libro "la creación del ser extraordinario" planteamos que la diferencia la podemos lograr si nos enfocamos en tres áreas específicas, una de estas áreas son los conocimientos generales o tradicionales que se proporcionan en la escuela, la otra, es la enseñanza y aplicación de la inteligencia emocional en sus vidas lo cual marcará una gran diferencia y por último, la vinculación que tengamos con la tecnología. Es importante recalcar que la relación con la tecnología debe ser fuerte y por ello planteamos que para fortalecer este vínculo es necesario utilizar la técnica aplicada por el Dr. Sugata Mitra, la cual se explicará más adelante, llamada entornos de aprendizaje autorganizado, que habitúa a los niños y jóvenes al aprendizaje autodidacta, ya que nos espera un futuro donde no podemos esperar a tener a un maestro que nos enseñe todo, si no que la misma tecnología nos permita, por nuestra cuenta, resolver las interrogantes al tema de nuestro interés, propiciando la investigación.

CAPÍTULO III.

PROGRAMANDO EL FUTURO

Desde nuestro punto de vista la enseñanza tecnológica debe complementarse con la capacidad de comunicación que tengamos con la tecnología, y ¿cómo logramos esto?, la respuesta es a través de la programación. Es decir, nuestro planteamiento radica en que aparte de enseñarles a los niños y jóvenes los entornos de autoaprendizaje que propone el Dr. Sugata Mitra (detallado más adelante), complementemos esta educación enseñándoles los fundamentos de la programación, para que lo vean como una herramienta de creación, lo que queremos decir con esto es que el fin no es enseñar programación para que te dediques a ello, el fin es enseñar programación para que sirva de herramienta complementaria a la profesión que elijas desempeñar, ejemplo de ello sería, un médico capaz de generar un sistema que identifique más rápido anomalías corporales, un ingeniero civil capaz de generar un software que le facilite el análisis de ciertos datos específicos que necesite, un farmacéutico experto en robótica que le permita crear instrumentos para elaborar medicamentos personalizados. Y al que no logre concluir una carrera universitaria, las mismas herramientas de la programación le permitirán encontrar un trabajo adaptado a los nuevos requerimientos del mundo que viene.

Hay países que están al tanto de esta situación y tienen en la mira el hecho de que su sociedad debe actualizarse e introducir los conocimientos de la programación en sus planes de estudio, algunos desde nivel primaria, tal es el caso de Japón, el espacio de noticias digital INVDES, el 30 de marzo del 2019 publicó lo siguiente:

Los escolares japoneses comenzarán a estudiar principios básicos de programación a partir del quinto curso del primer ciclo de educación primaria, es decir, con diez u once años, según consta en los nuevos planes de estudios presentados este martes por el Ministerio nipón de Educación. Entre otras tareas, los estudiantes deberán aprender a dibujar polígonos con herramientas digitales o hacer que una luz LED parpadee a partir de comandos informáticos, según adelantó hoy el diario japonés Nikkei. Japón se sumará así a otros países como Corea del Sur o Reino Unido que en los últimos años han introducido contenidos de programación informática entre las materias obligatorias durante los primeros años de escolarización. De este modo, el país pretende que los estudiantes se familiaricen desde edades tempranas con el lenguaje de la programación y con los principios lógicos en los que se fundamenta.

Falta mano de obra.

Hasta ahora, la programación informática era una asignatura obligatoria dentro de las ramas tecnológica y económica del segundo ciclo de la educación secundaria de Japón, es de decir, para alumnos de más de 15 años y que ya han terminado la escolarización obligatoria. La decisión de introducir esta materia en primaria tiene sus orígenes en 2016, cuando el Gobierno aprobó una estrategia para hacer frente a la escasez de trabajadores cualificados que afronta el país debido al declive demográfico y a la formación insuficiente en determinados sectores.

Podemos ver que evidentemente un país de primer mundo como Japón sabe que el hecho de introducir la programación desde la primaria es algo fundamental para su futuro como sociedad pues sus gobernantes saben que la llegada de la cuarta revolución industrial es inminente en la próxima década.

Otro de los países que ha mostrado un gran interés en desarrollar estas habilidades informáticas ha sido Estados Unidos, en el año 2016 el presidente en turno Barack Obama impulsó un programa denominado *"Computer Science for All"* (Ciencias de la Computación para Todos), el cual duraría 3 años y otorgaría a los 51 estados presupuesto para capacitar a maestros, equipar aulas y desarrollar nuevos materiales de enseñanza. El presidente Obama en uno de sus discursos radiales semanales expreso lo siguiente: *"En la nueva economía, las ciencias de la computación no es una habilidad opcional, es una habilidad básica"* y agrego *"9 de cada 10 padres quieren que sea enseñada (la informática) en las escuelas de sus hijos".*

En la página de internet oficial de la Casa Blanca www.obamawhitehouse.archives.gov se expresan los siguientes puntos que la iniciativa del presidente reclamaba:

4 mil millones en fondos para los estados y $100 millones directamente para los distritos escolares en su próximo presupuesto para expandir k-12 CS mediante la capacidad de maestros, la expansión del acceso a materiales educativos de alta calidad y la creación de asociaciones regionales efectivas.

135 millones en fondos de ciencias de la computación estarán disponibles a partir de este año de parte de la Fundación Nacional de Ciencias (NSF) y de la Corporación para el Servicio Nacional y Comunitario (CNCS) ampliando el acceso a los programas anteriores apoyados por la NSF y las comunidades de aprendizaje profesional a través de su Iniciativa CS10k que condujo a la creación de un currículo de ciencias de la computación más inclusivo y accesible, que incluye los Principios de CS de Exploración y Colocación Avanzada (AP), entre otros.

Involucrar a más gobernadores, alcaldes y líderes educativos para ayudar a impulsar las ciencias de la computación siguiendo el liderazgo de Estados como Delaware, Hawái, Washington, Arkansas y más de 30 distritos escolares que ya han comenzado a expandir las oportunidades de las ciencias de la computación.

Involucrar a los CEOs, filántropos, medios creativos, tecnología y profesionales de la educación para profundizar sus compromisos con las ciencias de la computación.

Todo esto se estaba discutiendo en los Estados Unidos en el año 2016, mientras en países como el nuestro (México) y el resto de Latinoamérica, todavía no se ha discutido a fondo este tema, si bien es cierto hay esfuerzos aislados no se termina por concretar algo que impacte al sistema educativo nacional.

CAPITULO IV.
HÉROES ACTUANDO DE MANERA AISLADA.

A lo largo del tiempo que pasamos desarrollando la investigación de este libro y el anterior pudimos percatarnos de un fenómeno social muy curioso que nos parece adecuado ejemplificarlo de la siguiente forma; el cuerpo humano está conformado por más de cincuenta billones de células, esto lo hace un organismo sumamente complejo que a su vez se divide en diversos sistemas, entre ellos se encuentra el sistema inmunológico; el sistema inmunológico es el encargado de mantener el equilibrio interno de nuestro cuerpo frente a agresiones externas, creando los anticuerpos necesarios para desempeñar esta función, del mismo modo funciona nuestra sociedad; así como nuestro cuerpo produce anticuerpos para defenderse de las amenazas, nuestra sociedad produce individuos que desarrollan soluciones a las problemáticas sociales de su entorno, a estos individuos agentes de cambio nosotros hemos decidido llamarles Héroes Sociales, una de las problemáticas que enfrentan estos Héroes Sociales es que son muy escasos, lo cual lamentablemente termina orillándolos a actuar de manera aislada; durante nuestra investigación conocimos muchas historias sobre estos Héroes Sociales, pero una llamó particularmente nuestra atención y es la historia del maestro mexicano Sergio Juárez Correa:

El maestro Sergio impartía quinto curso en una escuela primaria en Matamoros, Tamaulipas, México, una ciudad que está cerca de la frontera con Estados Unidos. Esta escuela se encuentra cerca de un vertedero de basura y la mayoría de los niños que asisten ahí son de muy bajos recursos, pues la mayoría de ellos son hijos de pepenadores. Durante sus cinco primeros años como docente, intentó aplicar las técnicas de enseñanza que aprendió en su escuela normal primaria, pero los resultados fueron totalmente desalentadores. Los niños no aprobaban los exámenes de ENLACE (Evaluación Nacional de Logros Académicos en Centros Escolares), el examen nacional mexicano de conocimientos básicos. Debido a esta circunstancia él decidió que tenía que hacer algo diferente para generar en estos niños un aprendizaje significativo. Al investigar, descubrió que un maestro de origen Hindú llamado Sugata Mitra desarrolló una técnica que hacía que el niño desarrollara las capacidades necesarias para aprender por su cuenta con apoyo de la tecnología, cosa que al maestro Sergio le pareció una buena idea y decidió aplicarla con sus alumnos; saltándose un poco las reglas de lo convencional, decidió arriesgarse e intentar enseñar a sus alumnos con estos nuevos métodos. Empezó poniéndolos a trabajar en grupos, fomentó la conversación y la colaboración entre ellos sin que le importase que el ambiente de clase pareciera algo alborotado. Basó sus clases en preguntas abiertas para impulsarlos a aprender razonando en lugar de memorizar, les enseñó diversos conceptos matemáticos relacionándolos con hechos de la vida cotidiana y por último les animó a creer que ellos tenían el potencial de lograr grandes cosas. Tanto así que un día les planteó que su objetivo era llegar a ser el mejor grupo de todo México. Con ese objetivo en mente, motivados por Sergio; pusieron manos a la obra y el resultado, fue algo sorprendente. En el siguiente examen ENLACE, una de sus alumnas, Paola Noyola Bueno, resultó obtener el mejor promedio a nivel nacional en el área de matemáticas, y por sorprendente que parezca, nueve más de sus compañeros quedaron también dentro de los lugares más altos a nivel nacional. Estamos hablando de que en un solo grupo a nivel nacional se concentraba una cantidad relativamente alta de alumnos con notas sobresalientes, ¡en un mismo salón de clases! Tomando en cuenta que esa prueba se aplicó aproximadamente a 12 millones de niños mexicanos, Sergio Juárez Correa lo logró, un mexicano ejemplar comprometido con la educación.

En la historia se nos narra que gran parte del éxito del maestro Sergio se debió a la aplicación de la técnica del Dr. Sugata Mitra que plantea los entornos de autoaprendizaje a través del uso de la tecnología, la cual consta de los siguientes pasos:

En los primeros minutos se elabora una pregunta que despierte la curiosidad del niño; posteriormente, durante 30 a 40 minutos se realiza la investigación de esa pregunta dejando que los niños lleven a cabo esa investigación distribuidos en grupos de 4 alumnos, cada grupo con una computadora conectada a internet que les permita navegar y encontrar esa respuesta. Posteriormente, pasados los 30 o 40 minutos, según el caso, se pasa a que compartan lo que descubrieron de manera grupal al final de la clase. Esta actividad lo que busca es ayudar a dar un enfoque positivo al uso de las tecnologías, tomándolas como un instrumento que les habilite para encontrar respuesta a las dudas que puedan tener, capacitándolos progresivamente para que en un futuro puedan ser independientes y hasta cierto punto autodidactas.

En un ejercicio de reflexión llegamos al siguiente análisis: Si el maestro Sergio Juárez Correa al principio estaba implementando las técnicas y estrategias que le habían proporcionado durante su formación profesional en la normal superior para hacer llegar el conocimiento a los niños ¿Por qué estas no estaban produciendo resultados favorables?, concluimos que esos métodos no eran suficientes debido a las condiciones de vulnerabilidad que enfrentaban estos niños, forzando al maestro Sergio a buscar otros métodos más efectivos, por lo tanto podemos pensar que nuestros niños en ambientes vulnerables en lo general no están recibiendo una educación integral que les permita explotar al máximo su potencial, debemos replantear la educación en términos de lo que verdaderamente necesitan nuestros niños hoy en día.

CAPITULO V.

HACIA UNA EDUCACIÓN INTEGRAL.

El niño de esta época para poder decir que está recibiendo una educación integral; entendiendo "educación integral" como aquella educación que lo dotará de las herramientas necesarias para sortear eficientemente las problemáticas que se le presenten en la vida; debe contar, según nuestra hipótesis, con tres grandes áreas como ya hemos explicado, una que abarca la educación tradicional, dos, la educación emocional y tres, la educación tecnológica, que desde hace décadas de alguna manera se viene introduciendo a la educación, pero que ahora resulta ya un asunto de supervivencia, pues el que no domine las nuevas tecnologías prácticamente estará fuera del contexto social y laboral.

Hasta hace unas décadas la exigencia de la tecnología se limitaba a saber manejar alguno que otro programa computacional tradicional y con ello el profesionista ya estaba en la jugada, pero el mundo que se avecina es mucho más exigente, es tan radical este punto, que las naciones dejaran de ser divididas en términos económicos y pasarán a ser divididas en términos tecnológicos. Esto se ha vuelto tan importante que algunas potencias mundiales ya han emitido comentarios al respecto, tal es el caso del presidente de Rusia Vladimir Putin, que lanzó una advertencia en el año 2017, declarando que el país que alcance el liderazgo en el desarrollo de la inteligencia artificial será "el amo del mundo". Las preguntas que surgen inmediatamente son ¿A qué mundo nos dirigimos? Y lo más importante ¿Estamos preparando a nuestros niños y jóvenes en los centros educativos para que puedan desempeñarse en estas áreas? La respuesta es no,   pero ¿Qué podemos hacer para prepararnos para ese futuro?

Como hemos mencionado anteriormente la tecnología quitará empleos, y afectará principalmente a países como México y Latinoamérica, por la sustitución de la mano de obra usada en la manufactura, por robots; diferente a lo que se piense que los primeros en perder el empleo serán los países desarrollados, la situación será contraria. La hipótesis que planteamos es que la clave para revertir ese futuro que nos espera, es empezar a trabajar desde hoy, crear una conciencia social que nos permita entender que lo que necesitamos es convertirnos en líderes educativos que trabajen por el objetivo de proveer a los niños y jóvenes los conocimientos que les servirán para desenvolverse adecuadamente en la compleja sociedad futura que les tocará vivir, la solución está en nosotros mismos, estamos a un buen tiempo para empezar ya que apenas nos encontramos en la puerta de lo que será la cuarta revolución industrial, que en la segunda parte de este libro explicaremos a detalle.

CAPITULO VI.

PROPUESTA DE SOLUCIÓN.

Querido lector nos gustaría nos diera la oportunidad de ponerlo en contexto para compartirle nuestra visión de acuerdo a lo que hemos descubierto en el ámbito educativo y cómo a partir de ahí se desprende una estrategia de acción para proveer de una educación totalmente integral, que incluya conocimientos tradicionales, emocionales y tecnológicos, preparando a conciencia a nuestros niños y jóvenes para el futuro, porque lo que estamos haciendo actualmente en las escuelas no es suficiente, para ello es necesario hablarle de nuestras investigaciones que se utilizaron en la construcción de nuestro libro *La creación del ser extraordinario* en este libro planteamos que la clave del éxito de los individuos que a pesar de las adversidades económicas y sociales lograron salir adelante de manera sobresaliente, descubrimos que esto fue posible gracias al tipo de educación que recibieron específicamente en su núcleo familiar, nuestra tesis radicó en investigar que pasó en esos ambientes familiares extraordinarios que lograron dotar al niño de herramientas que le servirían para la vida y descubrimos que en estos ambientes tres puntos siempre se repetían, estos puntos eran los siguientes:

- Sus padres los acompañaron académicamente todos los días, supervisando que realizaran las tareas y sus actividades escolares.

- Hicieron hincapié en la importancia de la disciplina, la perseverancia (resiliencia) y en compararse con los mejores. Siempre les hicieron sentir su valía a través de palabras y frases positivas, les daban su reconocimiento como personas.

- Alentaron su planeación de proyecto de vida y el análisis de las consecuencias de su toma de decisiones.

Nos dimos cuenta que la clave del éxito radicaba por una parte en el seguimiento académico que los padres tenían sobre sus hijos, pero lo verdaderamente importante era la inyección de la inteligencia emocional de una manera empírica que los padres intuitivamente le lograron transmitir a los niños a través de palabras capacitadoras, consejos y frases positivas que les decían, generando un entorno amoroso y de confianza. Esto construyó en estos niños un *habitus positivo*, es decir un "saber hacer" extraordinario que les permitió avanzar superando todas las adversidades que se les presentaban, fueran estas de carácter económico o social.

Cabe destacar que la investigación que se ve plasmada en ese libro surge a raíz de la idea de ayudar a los niños en estado de vulnerabilidad, que lamentablemente en la mayoría de los casos su entorno familiar no es del todo favorable y como se ha explicado, el entorno familiar es clave para un desarrollo óptimo, por ello a raíz de esta problemática social surge la idea de crear un tercer espacio entre la escuela y la familia para proveer de este *habitus positivo* a los niños, que por sus circunstancias adversas no tienen otra fuente de donde absorberlo, ayudándoles así a aumentar sus probabilidades de éxito, en nuestro libro lo explicamos de la siguiente manera:

La solución al problema es crear un espacio entre la escuela y la familia con las condiciones adecuadas, donde se aplique la metodología de los tres factores (descrita por los padres entrevistados), apuntalándola con más factores que fortalezcan las habilidades socioemocionales del niño (inteligencia emocional) donde predomine un lenguaje positivo, con frases y palabras capacitadoras dirigidas al niño y combinándola con la técnica educativa SOLE (Self-organized learning enviroment - entorno de aprendizaje auto-organizado) creada por el doctor Sugata Mitra, la cual fue una de las técnicas que utilizó el profesor Sergio Juárez Correa para potencializar a un grupo de niños en estado de vulnerabilidad y gracias a esta alcanzaron resultados sorprendentes. Lo que se pretende en este espacio es incrementar el capital cultural del niño a través de estas metodologías de trabajo para que en un futuro se convierta en ese ser extraordinario del que hablamos.

Pero nos dimos cuenta que a pesar de que la estrategia era muy completa aún faltaba incluir un elemento si realmente queríamos preparar a los niños para la Cuarta Revolución Industrial, la cual vendría con dos eventos imparables principalmente; el primero de ellos como ya hemos mencionado en repetidas ocasiones es que traerá consigo una ola de despidos masivos debido a la automatización de la producción, según el Banco Mundial, el porcentaje de trabajos amenazados por la automatización será de 77% en China, 69% en India y Ecuador, 67% en Bolivia, 65% en Panamá, 64% en Argentina, Paraguay y Uruguay, 57% en el promedio de países industrializados y 47% en Estados Unidos[2]. Segundo, la Cuarta Revolución Industrial vendría con requerimientos muy específicos para los nuevos trabajos que surgirían, algunas estimaciones citadas por el Foro Económico Mundial señalan que entre 75 y 80% del mercado laboral de los países industrializados en 2030 estará compuesto por trabajadores independientes o temporales[3], eso significa que

---

[2] "World Bank Development Report 2016", citado en "Technology at Work v2.0: The Future Is Not What It Used to Be", Oxford Martin School, p.4.

[3] Peter Miscovich, "The future is automated. Here's how you can prepare for it", Foro Económico Mundial2017, 12 de enero de 2017.

habrá más gente trabajando por cuenta propia, algunos de los trabajos del futuro según diversas proyecciones serían los analistas de datos, ingenieros de datos, programadores, policías digitales, personal de mantenimiento y programadores de robots, profesores que enseñen el manejo de robots y especialistas en energías alternativas, si nos damos cuenta prácticamente la programación será un requisito indispensable para los trabajos del futuro, **por ello creemos que la programación es el nuevo lenguaje de la educación** y no darle su importancia sería un error . Este libro lo hicimos básicamente como una advertencia, pues estamos a tiempo de re direccionar, sobre todo para los padres de familia que quieren tener una mejor orientación de lo que significará tener una educación que prepare a sus hijos para el futuro, también para los maestros y los líderes sociales educativos que velan por los intereses de los niños. Viendo las cifras que resultan muy reveladoras queda en nuestras manos reorganizar nuestras prioridades y entonces ponerse a trabajar será clave para que el futuro no nos termine aplastando.

Por ello al tener toda esta nueva información decidimos replantear nuestra postura y reestructurar nuestra propuesta de solución quedando finalmente de la siguiente manera:

Estructura del taller (tercer espacio entre la escuela y la familia)

El taller extraescolar está planeado para ser implementado de lunes a viernes y tendría una duración de aproximadamente 2 horas al día, que estarían distribuidas de la siguiente forma: en la primera hora, el niño contará con un instructor como guía que le instruirá sobre la forma de abordar sus tareas. Se reforzarán los conocimientos académicos y se aclararán las dudas que tenga el niño. Es muy importante dirigirse a él siempre con un lenguaje positivo, para que este vaya mejorando de manera progresiva sus habilidades de estudio, mejore su rendimiento académico y construya a su vez un auto concepto positivo, esta sería una intervención directa sobre el *habitus* que tiene el niño con respecto a la forma en que asimila el conocimiento para ayudarle a mejorar. Un instructor tendría, como máximo, de 3 a 4 niños bajo su tutela si es una persona con poca experiencia dirigiendo niños. Si es una persona con experiencia, como un maestro, este podría llegar a atender como máximo de 10 a 12 niños pues es el límite recomendable para que se dé una óptima transferencia del *habitus positivo.* La segunda hora estaría distribuida de la siguiente forma: en los primeros 15 minutos se haría algún tipo de actividad en la que se pueden incluir juegos, lecturas y videos que los ayude a reforzar su inteligencia emocional, es importante mencionar que las técnicas de la inteligencia emocional se deben aplicar en todo momento, no sólo cuando se de la actividad, esto incluye especialmente las del lenguaje positivo. Es decir, el instructor debe saber conducirse siempre con inteligencia emocional, para que el niño de alguna manera progresivamente la vaya integrando a su vida mediante el ejemplo que el instructor le da, ya que la inteligencia emocional no se "aprende" si no que es más bien un proceso de "imitación". Es responsabilidad del líder del proyecto seleccionar instructores con esas características y darles una capacitación continua.

Finalmente en los 45 minutos restantes se haría una actividad donde se aplique la técnica del Dr. Sugata Mitra, la cual se explicó unas líneas atrás y esto complementarlo con la introducción de técnicas que propicien el desarrollo de habilidades informáticas y de programación que como hemos visto a lo largo del libro es un factor fundamental para proporcionar una educación integral a los niños y jóvenes.

¿Cómo se distribuirán estos 45 minutos finales enfocados a la técnica de los entornos de autoaprendizaje y la enseñanza de la programación?

A partir de los 9 años es decir de cuarto curso de primaria, al niño se le iría mezclando la técnica de entornos de autoaprendizaje con la enseñanza de la programación, dedicándole 3 días al aprendizaje de la programación (Ej.: lunes, miércoles y viernes) y 2 días (Ej.: martes y jueves) donde seguirían practicando con los entornos de autoaprendizaje. Existen programas especialmente diseñados para enseñar a niños a programar, con contenido bastante didáctico, un ejemplo de estos es el programa "Scratch" diseñado por el personal del Instituto Tecnológico de Massachusetts, el cual está disponible de manera gratuita y en prácticamente todos los idiomas, permitiendo así el acceso a la iniciación en este tipo de herramientas que serán indispensables en el futuro; si es usted un maestro, padre de familia, un líder social que le interesa el tema educativo o alguien interesado en este tipo de temas le invito a experimentar con este programa para posteriormente mostrárselo a sus alumnos, hijos, familiares o niños a los que usted desea enseñarles y empezar a involucrarlos en el aprendizaje de este tipo de conocimiento.

Ya que le hemos explicado nuestra propuesta para construir una educación integral, se puede dar cuenta que la metodología básicamente consiste en construir en el niño un *habitus positivo* utilizando como medio la creación de este tercer espacio entre la escuela y la familia que complementa la función de la escuela, proporcionándoles en este espacio a los niños y niñas conocimientos como la inteligencia emocional, la programación, el aprender a ser autodidactas con la tecnología y el seguimiento académico. Con ello no estamos planteando que los maestros no estén haciendo su labor adecuadamente, sino todo lo contrario, creemos que necesitan de nuestra ayuda, no podemos dejarlos solos y menos como hemos dicho en estos entornos en estado de vulnerabilidad en el cual son prácticamente el único agente que hace el esfuerzo por ayudar a los niños a salir adelante. Es nuestra responsabilidad como sociedad voltear a ver estas problemáticas, pues como bien dice un antiguo proverbio "para educar a un niño hace falta todo un pueblo", y eso es una absoluta realidad.

Recapitulando:

La propuesta de este taller extraescolar como hemos explicado surge de las observaciones, entrevistas e investigaciones que hemos hecho entorno de los casos extraordinarios de individuos que a pesar de haber pasado por adversidades de corte económico y social salieron adelante. La clave a la respuesta de cómo se construyen estos individuos es: EDUCACIÓN, pero no una educación cualquiera o tradicional si no una educación integral, que como ya hemos visto incluye un tipo de inteligencia emocional empírica desarrollada y transmitida a ellos por sus padres, aunado a ello la preocupación del seguimiento académico, creando en ellos una visión del mundo donde se forja la disciplina y el cumplimiento de objetivos en un entorno amoroso, utilizando como base el "lenguaje positivo". Es evidente que la aplicación de esta metodología (tercer espacio) no solo busca incrementar el rendimiento académico o dotarlos de herramientas técnicas, sino también de formar individuos con una autoestima positiva, evitando así que sean presas de los posibles trastornos psicoemocionales que es capaz de generar nuestro actual sistema, como lo son la ansiedad y la depresión que a su vez puede desencadenar en conductas autodestructivas como el alcoholismo, drogadicción, suicidio entre otros. Si aparte de estas herramientas personales que construyen una autoestima positiva, se dota de conocimientos tecnológicos, estos individuos no solo se sentirán capaces si no que lo serán en sí mismos al disponer de las herramientas que les permitan transformar el mundo, la programación como hemos explicado será el nuevo lenguaje de la educación.

Nuestro objetivo inmediato en esta nueva etapa que se aproxima para la humanidad debe ser consolidar una educación que sea funcional para nuestros países latinoamericanos, dotar a nuestros niños y jóvenes de las herramientas que realmente les serán útiles en el futuro, ese es el primer paso que hay que dar, posteriormente el siguiente paso sería echar a andar propuestas más transformadoras como la propuesta de la liberación humana, que se explicará a continuación en la parte 2 de este libro.

Como parte de nuestra contribución social dejamos disponible un manual con la metodología paso a paso para la creación de este tercer espacio entre la escuela y la familia, en él encontrarás un programa para 6 meses de qué hacer día con día, los temas a tocar, la explicación técnica y teórica. Este manual es completamente gratis; si eres un maestro, un líder social preocupado por la educación de los niños y jóvenes de tu comunidad o un padre de familia preocupado por la educación de tus hijos esta puede ser una muy buena herramienta. Esta información la encontraras disponible en www.carohernandez.com en el apartado de "Héroes sociales".

PARTE II.

LA LIBERACIÓN HUMANA.

"La libertad, Sancho, es uno de los más preciosos dones que a los hombres dieron los cielos; con ella no pueden igualarse los tesoros que encierra la tierra ni el mar encubre; por la libertad así como por la honra se puede y debe aventurar la vida"

Miguel de Cervantes, Don Quijote de la Mancha.

38

CAPÍTULO VII.
PAÍSES RICOS MURIENDO DE HAMBRE.

Un día mientras trabajábamos en la construcción de este libro surgió el tema del fenómeno de la migración de los habitantes de nuestro país (México) hacia los Estados Unidos de América, platicábamos acerca de los problemas que esto genera tanto de manera económica, como social y el impacto que esto produce en la psique de los individuos que viven esta situación, tratamos de imaginar los pensamientos y las emociones que sufre un niño que desde muy temprana edad tiene que normalizar el hecho de que alguien de su familia lo "abandone" para darle un mejor nivel de vida, el simple hecho de hacer este ejercicio despertó en nosotros una serie de ideas y emociones que aún nos cuesta mucho describir, ese día decidimos terminar el trabajo y dejar el tema pendiente, y como si de una señal se tratase, al otro día amanecimos con la conmocionante noticia de un padre y su hija provenientes del Salvador, que al querer cruzar a los Estados Unidos habían resultado ahogados en el río Bravo, la pregunta fue inevitable, ¿Cómo es que países llenos de riquezas naturales y culturales no puedan ofrecer a su población las suficientes oportunidades para llevar una vida digna? ¿Qué está pasando en nuestros países?

En nuestro caso podemos decir que México es un gran país con enormes recursos naturales, con una cultura ancestral impresionante y una gastronomía extraordinaria, pero lamentablemente tenemos un gran problema: la desigualdad y la pobreza en proporciones aberrantes, la falta de oportunidades generó que pueblos enteros se involucraran en actividades ilícitas para poder sobrevivir, generando una ola de violencia extrema llegando al punto de ser en el año 2018 el país con más ciudades violentas del mundo según cifras del consejo ciudadano para la seguridad pública y la justicia penal, una organización civil con sede en México, especializada en temas de seguridad. Otros ciudadanos, como ya hemos mencionado, se han visto forzados a migrar a nuestro país vecino teniendo que dejar su hogar, su familia y en donde muchos desgraciadamente mueren en la travesía.

Entonces no exageramos al plantear que la pobreza y la desigualdad tan profunda al menos en nuestro país es capaz de desintegrar familias, producir violencia extrema y romper el tejido social.

Así como nuestro país, muchos de alguna manera, sobre todo los países latinoamericanos podrían verse reflejados en nosotros.

¿Pero qué debemos hacer? ¿Cómo podemos contribuir a la solución de un problema de esta naturaleza? Después de analizarlo a fondo y haber estudiado las distintas propuestas de varios expertos en el tema, llegamos a la conclusión de que la base de una solución posible radica en hacer una extensión de los derechos humanos, pero no estamos hablando de hacer una simple extensión de derechos en el papel, sino una extensión de derechos en la práctica, llevada a la realidad con acciones específicas. Pero ¿Cómo hacemos eso?, la respuesta al final resultó ser muy obvia, pero poco evidente, ya que al convivir todos los días con ella pasa desapercibido su potencial, la respuesta es la tecnología, este instrumento que a lo largo de la historia nos ha impulsado como especie y ha permitido que demos saltos cuánticos en cortos períodos de tiempo, un fenómeno que hemos visto mucho más acentuado en las últimas décadas.

El efecto de la tecnología es tan fuerte que cuando surge algo tan disruptivo simplemente no hay pretextos ni argumentos que lo puedan desmontar, la dinámica social se rompe y se reorganiza en torno a esta tecnología, ejemplo de ello es el internet, los teléfonos celulares y más recientemente las redes sociales.

En la historia de la humanidad en la mayoría de los casos la tecnología simplemente ha irrumpido en el entorno social sin un plan predeterminado, simplemente se arroja como si de un experimento se tratase y los efectos se analizan después de la introducción de estos artefactos, pero ¿Qué pasaría si se tuviera un plan preciso y definido para la introducción de nuevas tecnologías con un enfoque que vaya directamente para la mejora de la sociedad y el rescate de nuestros países?

La introducción de nuevas tecnologías y el empleo de las ya existentes se plantearían de tal manera que procure dignificar la vida del ser humano, y así mediante la implementación de esta tecnología logremos alcanzar una nueva dimensión en los derechos humanos, formulado de esta manera estaríamos hablando de un nuevo nivel en la evolución social, la liberación humana.

42

CAPÍTULO VIII.
LA CUARTA REVOLUCIÓN INDUSTRIAL. ¿EN EL UMBRAL DE LAS OPORTUNIDADES O DEL DESASTRE?

Cuando hablamos de revoluciones industriales, hablamos del progreso humano, pero muchas veces ese progreso tiene costos ocultos y en su mayoría estos costos ocultos terminan perjudicando al propio ser humano. Esto se debe a que las revoluciones anteriores no han sido del todo planificadas o al menos no en pro de la vida humana, profundizaremos el tema en capítulos posteriores.

Actualmente nos encontramos en la puerta de lo que los expertos han definido como la "Cuarta Revolución Industrial". Klaus Schwab, autor del libro *Cuarta Revolución Industrial* vaticina lo siguiente al respecto:

"Estamos al borde de una revolución tecnológica que modificara fundamentalmente la forma en que vivimos, trabajamos y nos relacionamos. En su escala, alcance y complejidad, la transformación será distinta a cualquier cosa que el género humano haya experimentado antes"

Estamos ante una oportunidad histórica e inmejorable para definir una estructura social que permita la introducción de estas nuevas tecnologías de manera tal que al incluirlas en el nuevo diseño del esquema social, lejos de pagar costos ocultos y perjudicar al humano permita la sana evolución de este; tomando esta oportunidad histórica para incrementar sus derechos y así liberarlo, erradicando de raíz la problemática de pobreza y desigualdad existente, que como ya hemos relatado son un cáncer capaz de destruir el tejido social. ¿Cuáles han sido los vaticinios acerca de esta Cuarta Revolución Industrial? Y ¿Qué se ha planteado para que esta beneficie en vez de afectar a la sociedad?

Según un reportaje en el portal digital de noticias de la BBC explica lo siguiente:

La primera revolución industrial marcó el paso de la producción manual a la mecanizada, entre 1760 y 1830; la segunda revolución fue alrededor de 1850, trajo consigo la electricidad y permitió la manufactura en masa. Para la tercera hubo que esperar a mediados del siglo XX, con la llegada de la electrónica y la tecnología de la información y las telecomunicaciones.

Ahora la cuarta revolución traerá consigo una tendencia a la automatización total de la manufactura su nombre proviene de hecho de un proyecto de estrategia de alta tecnología del gobierno de Alemania, sobre el que trabajan desde 2013 para llevar su producción a una total independencia de la mano de obra humana.

La problemática evidente que se observa es que la automatización total de la producción traerá consigo el despido masivo de empleados, lo que generará caos social. Como hemos mencionado anteriormente, la consultora global MacKinsey en su informe *Disrupción tecnológica,* citado por el periodista Andrés Oppenheimer en su libro *¡Sálvese quien pueda!* advierte acerca de este tema lo siguiente:

"las nuevas tecnologías dejarían sin trabajo no solo a millones de trabajadores manufactureros, sino también a entre 110 y 140 millones de oficinistas y profesionales para el año 2025".

Nuestra preocupación más grande es que en México y Latinoamérica no estamos teniendo estas discusiones, tal vez porque lo vemos "muy lejano" e "imposible", pero la realidad es que 2025 está prácticamente a la vuelta de la esquina y si no actuamos pronto nos terminará pasando como en las revoluciones industriales anteriores, donde México y Latinoamérica quedaron totalmente rebasados en todos los aspectos.

En comparación a nuestro país y países latinoamericanos, a nivel mundial estas discusiones si se están teniendo, al punto que se han planteado posibles soluciones al respecto, para que esta automatización cause el menos daño posible a la sociedad, desde propuestas como la de Bill Gates y su impuesto a robots, como hasta el "aceleracionismo".

CAPÍTULO IX.
DIME EN QUÉ MUNDO QUIERES VIVIR Y ENCONTRARÁS UNA SOLUCIÓN.

Las siguientes posturas han sido planteadas por distintas personalidades representativas de la comunidad tecnológica, académica y social, debemos tener en cuenta que estas posturas son expuestas desde sus propias perspectivas, por lo tanto es importante señalar que el contexto donde se generaron estas soluciones y propuestas son en su mayoría planteadas desde países y posiciones del primer mundo, es claro que México y Latinoamérica deben construir su propia propuesta de acuerdo a las demandas de su contexto.

Posturas ante la automatización

Postura de Bill Gates

Bill Gates sabiendo que en los próximos 20 años habrá una cantidad importante de actividades en las que los humanos van a ser reemplazados por los robots hace una propuesta para evitar el desempleo, dicha propuesta consiste en aplicar un impuesto a los robots para frenar la excesiva automatización y con ello los despidos masivos; nosotros creemos que llevar a cabo una propuesta de esta magnitud sería un error, pues el objetivo no es frenar el desarrollo tecnológico, la tecnología no es mala en sí, más bien deberíamos plantearnos la manera de insertar estas nuevas tecnologías en nuestra sociedad sin perjudicar al ser humano y cuestionarnos por qué nuestro sistema económico no está diseñado para generar bienestar con las nuevas tecnologías.

Otra propuesta que se está valorando a nivel mundial es darle un ingreso básico universal (IBU) a los individuos de por vida para que puedan subsistir a la ola de despidos masivos que se vienen, en este punto hay dos posturas:

Postura neoliberal (Estado mínimo)

En el contexto de esta postura se pretende dar un ingreso básico universal (IBU) para mitigar el problema de desempleo masivo que causaría la automatización, aunado a ello también estaría la intención de reducir los costos del Estado a través de la privatización de los servicios proporcionados por este, es decir se le daría a cada ciudadano un ingreso básico universal y el Estado se reduciría de tamaño pues ya no proporcionaría servicios como salud, educación, recolección de basura, etc. permitiendo que las empresas privadas ofrezcan estos servicios a la población, y el ciudadano con este ingreso básico universal tendría que solventar todas sus necesidades. Esta propuesta tampoco nos parece viable ya que se ha demostrado al menos en Latinoamérica que la privatización de los servicios para la población, lejos de que disminuyan los precios de estos, genera fenómenos como los monopolios y oligopolios, encareciendo los servicios y desarrollando espacios para la corrupción. Son precisamente este tipo de acciones las que fueron generando y profundizando la pobreza y desigualdad en México y en Latinoamérica, nuestros países han sufrido mucho a raíz de este tipo de prácticas.

Postura aceleracionista poscapitalista

El aceleracionismo poscapitalista es una teoría que plantea que es necesario acelerar el proceso de automatización para llegar a una nueva era poscapitalista, los principales exponentes de esta teoría son Nick Srnicek y Alex Williams; en su planteamiento el IBU (Ingreso Básico Universal) juega un rol muy importante.

La liberación humana.

En su libro *"Inventar el futuro: poscapitalismo y un mundo sin trabajo"* plantean que una de las formas para acelerar el proceso de la llegada del poscapitalismo es apostar por la abolición del trabajo y de la clase trabajadora, esto se lograría básicamente realizando cuatro demandas mínimas:

1.-Automatización plena

2.-Reducción de la semana laboral

3.- Provisión de un ingreso mínimo

4.- Menoscabo de la ética del trabajo.

Plantean que estas propuestas no deben de verse como una meta individual por sí misma, si no plantearlo como un programa integral, ya que ahí radicaría su verdadero poder, en sus propias palabras:

"La demanda de la automatización plena amplía la posibilidad de reducir la semana laboral y subraya la necesidad de un ingreso básico universal. Una reducción de la semana laboral contribuye a producir una economía sustentable y da ventaja al poder de clase. Un ingreso básico universal amplifica el potencial para reducir la semana laboral y expandir el poder de clase. Un IBU también aceleraría el proyecto de la automatización plena: conforme el poder de los trabajadores aumente y conforme el mercado laboral se ajuste, el costo marginal de la mano de obra crecerá y las compañías optarán por la maquinaria para expandirse".

Los autores plantean que para acelerar el proceso de automatización es necesario que el estado proporcione el IBU adicionalmente a los servicios que ya otorga a los ciudadanos, aunque hay una intención positiva en este planteamiento, si nos detenemos a analizar las consecuencias, estas resultan poco favorables para los sectores vulnerabilizados de la sociedad, ya que las industrias privadas al automatizarse prescindirán de la mano de obra humana, lo cual propiciará el aislamiento del individuo mediante el IBU, esto solo aumentará la brecha de diferenciación entre las clases, porque solo los dueños de las industrias serían los propietarios de estos conocimientos.

Los propietarios de los sistemas de producción automatizados se harían infinitamente más ricos y con acceso a las más avanzadas tecnologías, que irán surgiendo en las décadas siguientes, perpetuando el ciclo y los ciudadanos que reciban su renta mensual serían literalmente algo así como una sub-especie humana, pues no podrían avanzar en la escalera social. Sería algo similar a lo que pasa en la actualidad pero severamente más acentuado por las nuevas tecnologías, que según los estudios, seguirán surgiendo de forma acelerada y esta élite dueña de los sistemas de producción automatizados sería la única capaz de financiarla y adquirirla, generando una diferenciación muy grande, pues los avances en educación y medicina según las proyecciones serán cada vez más importantes, un ejemplo de ello es Neuralink, esta es una empresa creada en julio 2016, el objetivo de esta empresa es conseguir el desarrollo de interfaces que unan los cerebros humanos con los ordenadores e inteligencias artificiales a través del implante de un microchip en el cerebro (el País, 2019), pareciera algo sacado de una novela de ciencia ficción pero la realidad en este caso ha superado a la ficción, pues el 16 de julio de 2019 presentaron en San Francisco algunas de las líneas de investigación que están desarrollando, se plantea que en el año 2020 se empiece a experimentar con humanos y la implantación del Chip llamado N1, que se colocará en la parte posterior de la oreja irá conectado a cuatro puntos del cerebro, con el podrán controlar un Smartphone, un ratón o un teclado con el pensamiento, todo se gestionará a través de una app que se conecta a ese sensor, pero el planteamiento es que en pocos años esta tecnología evolucione al punto que permita incrementar de manera notable la capacidad cerebral, con lo cual es evidente que el que pueda comprar esta tecnología tendrá notables ventajas en comparación del resto, entonces el sentido de igualdad y equidad humana se vería evidentemente colapsado, por ello es importante debatir estos temas de manera seria antes de que se incrusten en nuestra sociedad. La tecnología así como puede traer grandes beneficios sociales y ser la herramienta para un cambio positivo, también puede desencadenar o utilizarse como un sistema de control y dominio.

Cuando analizábamos las consecuencias de este planteamiento nos vino a la mente la película de Neil Blomkamp "Elysium" (2013), esta película puede ser un claro ejemplo del futuro que nos espera si no somos cuidadosos con las decisiones que se toman desde ahora en torno a las nuevas tecnologías, la trama de esta película se desarrolla en un mundo donde los dueños de las industrias y las clases privilegiadas construyen una estación espacial llamada Elysium para abandonar una tierra en decadencia consecuencia de la sobrepoblación y la contaminación, haciendo que solo estos individuos privilegiados tuvieran acceso a los más desarrollados avances tecnológicos, sobre todo en materia de salud, que es donde el director basa la trama.

Otra de las razones por la que consideramos que la propuesta de Srnicek y Williams sería equivocada plantearla al menos en lo que respecta a Latinoamérica, es por el hecho de que la mayoría de las empresas con posibilidades de automatizarse que radican en esta zona son trasnacionales y al aplicar estas medidas lo que provocará es que estas empresas se automaticen, pero no en

Latinoamérica, si no que se regresarían a sus propios países, pues muchas de estas se encuentran aquí por la mano de obra barata, y al automatizarse ya no habría una razón por la cual quedarse, además de que evitarían tributar en dos o más lugares de forma innecesaria, por lo que aplicar esto no solo sería inconveniente si no devastador, es evidente que la automatización es algo que va a pasar tarde o temprano, pero la pregunta es, de acuerdo a nuestras condiciones ¿Cuál sería la mejor estrategia en el corto y mediano plazo para México y Latinoamérica?

Como habíamos planteado unas líneas atrás, México y Latinoamérica por sus propias características tiene que construir su propio proceso "aceleracionista" hacia la automatización, pero con un enfoque diferente. Por ello, nuestra propuesta sería no un aceleracionismo hacia el poscapitalismo, como plantea Srnicek y Williams, sino un aceleracionismo hacia la liberación humana, en el capítulo XII de este libro, llamado *Propuesta de la liberación humana"* hablaremos mucho más a detalle de nuestra propuesta aceleracionista para México y Latinoamérica.

CAPÍTULO X.
AUTOMATIZACIÓN Y LOS MUNDOS POSIBLES.

Hay que entender algo, el mundo que conocemos actualmente desaparecerá, y la cuarta revolución industrial transformará la forma en que lo percibimos, especialmente modificará el concepto que tenemos de lo que conocemos como trabajo, ya no estaremos en un espacio haciendo actividades rutinarias para obtener recursos monetarios para nuestra subsistencia, esa lógica de trabajo desaparecerá, la automatización e inteligencia artificial nos sustituirá inevitablemente en las siguientes décadas, la pregunta es qué camino tomará la humanidad, algunos de los panoramas probables serían los siguientes:

Panorama 1:

Un mundo donde haya un número extremo de desempleados y empresas automatizadas apostando por la máxima utilidad, relegando al individuo y responsabilizándolo de su propia subsistencia, obligándolo a competir encarnizadamente por los pocos trabajos disponibles en el mercado laboral, exacerbando no solo las consecuencias económicas sino psicológicas de los individuos, acentuando agresivamente fenómenos sociales como la ansiedad por el estatus. Esto pasaría si la sociedad no toma conciencia y simplemente se deja llevar por la inercia actual.

Panorama 2:

Un mundo donde se imponga impuestos a los robots de las industrias y con lo recaudado se pueda otorgar el IBU (Ingreso Básico Universal) a los ciudadanos. Con el paso del tiempo los dueños de las industrias automatizadas acumularían poder económico y de influencia sobre la población, creciendo al punto que sobrepase la injerencia de los Estados mismos, creando un peligro latente para la población, de la formación de una posible "realeza tecnológica". Esto pasaría si elegimos la estrategia de transformación social equivocada.

Panorama 3:

Un mundo donde avancemos a la liberación humana como primer paso, donde el Estado empiece a adquirir la tecnología necesaria para automatizar los procesos que permitan proveer de los bienes básicos a su población, y como segundo paso después de haber llegado a la liberación humana, empiece a construir su propio conocimiento y tecnología en los centros universitarios y de investigación estatales, desarrollando desde ahí las nuevas tecnologías que permitan crear patentes libres para que cualquier individuo pueda tener acceso a este conocimiento, donde la información fluya en nuestra sociedad, creando un futuro en el cual las tecnologías beneficien a todos y se construyan desde una lógica ecológica y humanista, trayendo beneficios a toda nuestra sociedad. Un aceleracionismo hacia la liberación humana.

Desde nuestro punto de vista la tercera opción es la que proporciona más ventajas para la sociedad, y es la que proponemos para nuestros países latinoamericanos, más adelante explicaremos los parámetros para lograrlo. No se trata de cambiar un sistema económico, esta postura lo que propone es incrementar progresivamente los derechos del ser humano en la vida real con el apoyo de la tecnología.

Algunos pensarán que el Estado es incapaz de innovar, es evidente que solo debemos echar un vistazo a la historia, las más grandes innovaciones se han creado gracias a la financiación del sector público y no del privado. Al respecto los autores Alex Williams y Nick Srnicek en su libro *"Inventar el futuro: poscapitalismo y un mundo sin trabajo",* describen lo siguiente:

El Estado encabeza las revoluciones tecnológicas más importantes: desde internet hasta la tecnología verde, la nanotecnología, el algoritmo básico del buscador de Google y todos los componentes principales del iPhone y el iPad de Apple. El microprocesador, la pantalla táctil, el GPS, las baterías, el disco duro y SIRI son sólo algunos de los componentes derivados de la inversión gubernamental. El hecho es que los mercados capitalistas tienden a las visiones a corto plazo y a las inversiones de bajo riesgo. Los gobiernos proporcionan los recursos a largo plazo que permiten el desarrollo y el florecimiento de los principales cambios innovadores y el capital de riesgo contemporáneo tiende cada vez más hacia la generación de ganancias a corto plazo. Los gobiernos invierten en proyectos de alto riesgo con probabilidades de fracaso, pero que, por la misma razón, pueden conducir a cambios importantes. Dado el papel del Gobierno en el desarrollo tecnológico y en la innovación de productos de consumo, el financiamiento público debería estar bajo control democrático. Ello implicaría que los gobiernos intervinieran no sólo en el índice de desarrollo tecnológico sino, algo más importante, en su dirección. De particular importancia son los llamados «proyectos orientados a una misión».

El texto anterior es revelador y nos conduce a ciertos cuestionamientos, si el Estado es el que ha creado o en su caso financiado, las mayores innovaciones tecnológicas, ¿Por qué no se han beneficiado los ciudadanos en su totalidad de estas patentes? Para explicar esto tomaremos como ejemplo el caso del magnate tecnológico Elon Musk, que nos ilustra muy bien esta situación, este empresario recibió un préstamo millonario proveniente del gobierno de los Estados Unidos, para el desarrollo de una fábrica de autos eléctricos autónomos, el gobierno del presidente Barack Obama prestó la suma de 451.8 millones de dólares a la empresa Tesla (Propiedad de Elon Musk) en el año 2010, vemos ahí que el riesgo fue asumido por el Estado, es decir que con dinero de los contribuyentes norteamericanos se financió un proyecto privado y la patente seguía siendo del individuo, tal vez si ese dinero se hubiese invertido en una fábrica estatal y en el *know how* de los autos eléctricos autónomos con la intención de hacer la patente libre para impulsar el uso de tecnologías ecológicas muy probablemente a estas alturas los ciudadanos norteamericanos estuvieran muy próximos a contar con autos de la más alta tecnología a un precio muy accesible. En el caso de Tesla Motors, en enero del año 2019, debido a la constante presión social y a las críticas por haber usado recursos públicos para financiar un proyecto privado, Elon Musk decidió liberar las patentes, pero si no hubiera existido esa presión social muy probablemente la liberación de la patente nunca hubiera ocurrido. Entonces podemos resumir que la metodología consiste en arriesgar capital público para proyectos privados y estos los terminan capitalizando un grupo muy reducido de individuos. El problema no es la capacidad de innovación del Estado, si no la corrupción moral que genera la lógica de la acumulación de capital. Pues ¿Por qué apostar a un proyecto comunitario donde se beneficie toda la sociedad si puedo alimentar industrias arriesgando capital público y que un grupo muy reducido de individuos coseche beneficios? Esto resulta un negocio muy redituable, la misma situación ha pasado con otras famosas empresas tecnológicas. Si no es ilegal, por lo menos se podría decir que es inmoral.

La liberación humana.

Los Estados de primer mundo y su postura ante la automatización

Alemania y China, tienen claro que no pueden perder el tiempo, así como México y Latinoamérica tampoco debería estarlo haciendo. Es evidente que aún no podemos compararnos con países de esa categoría, pero si, por lo menos analizar lo que están haciendo y partiendo de nuestras posibilidades generar una estrategia de acción.

Alemania consciente de la avalancha tecnológica que se viene, en octubre de 2013 presentaron el informe llamado *Preservación del futuro de Alemania como centro de producción-actuaciones recomendadas para el proyecto de futuro industrial 4.0*, este trajo consigo enormes repercusiones en el sistema político alemán, llegando incluso a caer directamente en la euforia; actualmente el proyecto industria 4.0 está considerado en Alemania como un objetivo central de la política estratégica en materia de economía e industria, como leímos anteriormente el objetivo final es la automatización total de la manufactura. La estrategia alemana radica en generar un tipo de capitalismo cooperativo, pues a diferencia de las economías liberales anglosajonas, así como de las potencias autoritarias del ámbito asiático, en Alemania la estrategia no se concentra únicamente en los recursos estatales, sino que, de forma sistemática, implica también a actores del ámbito empresarial y de la sociedad civil.

En el caso de China su estrategia fue lanzada en el año 2015, esta estrategia es llamada "Made in China 2025", su objetivo principal es volver al país la potencia tecnológica más grande del mundo para el año 2025, entendamos que China le apuesta a un control casi absoluto del Estado. En el plan se explican los objetivos para desarrollar 10 industrias nacionales de fabricación de tecnología:

Tecnología de la información avanzada.

Robótica y máquinas, herramientas automatizadas.

Aeronaves y componentes de aeronaves.

Buques marítimos y equipo de ingeniería marina.

Equipo ferroviario avanzado.

Vehículos de nueva energía.

Equipo de generación y transmisión eléctrica.

Maquinaria y equipo agrícola.

Nuevos materiales.

Productos farmacéuticos y dispositivos médicos avanzados.

Si analizamos los puntos, el plan chino es extremadamente ambicioso y según los analistas es muy probable que logre cumplir su meta y en el año 2025 lleguen a ser el país tecnológico más avanzado del mundo. Pero con todo y lo que se plantea tanto en China como en Alemania, su plan es apostar por la eficiencia máxima y no por su gente, pues según en el texto *La estrategia alemana Industria 4.0: el capitalismo renano en la era de la digitalización* escrito por Wolfgang Schroeder en la página 9 nos explica lo siguiente:

En lo que respecta a la estructura del riesgo, se observa que existen diferencias en función del nivel de formación e ingresos, resultando así que, en Alemania, los trabajadores con formación elemental o primaria detentan un riesgo de automatización del 80%, mientras que para aquellos que ostentan el grado de doctor este porcentaje sería solamente del 18%. El panorama resultante es similar, si tomamos como referencia el nivel de ingresos: a medida que aumenta el nivel de ingresos, la probabilidad de automatización disminuye.

El texto nos deja ver los problemas que traerá la automatización y de los despidos masivos que esta generará con números y porcentajes concretos, pero a su vez no hay un plan formal real para ayudar a los desplazados tecnológicos, es decir la estrategia no está diseñada para aumentar el bienestar de la mayoría ciudadana, está en función de construir imperios tecnológicos, privilegiando la economía sobre el individuo, rezagando de nueva cuenta al que menos tiene, aumentando el problema de la pobreza y la desigualdad, que como ya hemos mencionado trae consecuencias muy graves, pues este tipo de circunstancias generaron que el tejido social se rompiera en países como México y gran parte de Latinoamérica.

Lo que sí se han estado planteando en estas potencias mundiales para los desplazados tecnológicos, de manera despreocupada, es impulsar algo denominado *Crowdworking,* estos serían los nuevos tipos de trabajo que se le ofrecería a la sociedad, los cuales funcionan de la siguiente forma: a través de plataformas en internet, las empresas ofrecen trabajos que pueden ser asumidos por colaboradores registrados de las plataformas, los *crowdworkers.* Se trata de microtareas, como la producción de textos o la categorización de datos, pero también de microtareas más sofisticadas, como trabajos de programación. El planteamiento es que las empresas ya no necesitarán asalariados, si no que buscarán soluciones a bajo costo en la red. Y los *crowdworkers* podrán trabajar de forma independiente, en cualquier lugar y en cualquier momento. Sin embargo, solo muy pocos son los que pueden vivir de ello hasta ahora, además lo hacen sin seguridad social. Desde nuestro punto de vista impulsar algo así sería inhumano, es precisamente apostarle a la máxima eficiencia y disminución de costos de la empresa, esto a costa del individuo, dilapidando sus derechos.

Desde nuestro análisis es evidente que México y Latinoamérica aún no pueden apostar en este momento a ser un gigante tecnológico como China o Alemania, pero lo que sí pueden, es adaptar su estructura social para que esta tecnología que permitirá la automatización de ciertos sectores, traiga bienestar a su gente a través de la ampliación de derechos, y conseguir con ello la libertad del humano. Nuestra propuesta es que el Estado incremente su tamaño, pero que no llegue al extremismo chino del estatismo casi absoluto, sino que permita un equilibrio, solo que tome el poder de las industrias clave que proporcionan al individuo los productos y servicios básicos que necesita para su subsistencia, y los provea a la población; las demás industrias, por la imposibilidad de los Estados Latinoamericanos para automatizarlas en su totalidad, las dejaría al mercado, en la propuesta de solución se ahondará en este tema.

CAPÍTULO XI.
EL ESTADO HÉROE O VILLANO.

Como hemos visto las estructuras estatales de Alemania y China han echado a andar su proceso de automatización, pero su enfoque lamentablemente no prioriza el bienestar del ser humano, si no lo económico, no hay un plan concreto para ayudar a sus desplazados tecnológicos. Así como en Alemania y China donde el Estado está impulsando sus procesos de automatización, creemos que en México y Latinoamérica, el Estado sería el único actor con las posibilidades reales de impulsar estos cambios y procesos, pero en este caso, cuidando de ejecutar un proyecto distinto, el cual priorice el bienestar del ser humano.

Ahora bien, en México y Latinoamérica se ha estigmatizado en gran medida la figura del Estado, pues generalmente en nuestros países este ha actuado más como un represor que como un servidor del pueblo. Por lo que hay que replantear un nuevo tipo de Estado, pues solo sustituir los actores políticos es peligroso, ya que aún la persona más honesta en una institución corrompida, termina por corromperse, debido a la inercia que genera la institución. Nuestro trabajo como sociedad es ir construyendo de a poco este nuevo tipo de Estado, con instituciones diferentes, diseñadas de tal manera que su principal función sea servir al pueblo.

El Dr. Enrique Dussel, en su libro *"20 Tesis de política"* plantea lo siguiente con respecto a los partidos políticos en América Latina:

"Por desgracia los partidos políticos en América Latina, desde la instalación de las democracias de transición desde 1983, fetichizan a la "clase política", la que ejerce monopólicamente el poder. Es necesario transformarla profundamente. Frecuentemente, estos partidos son sólo maquinarias electorales, que como fósiles prediluvianos se ponen en funcionamiento cuando se divisa en el horizonte alguna elección de funcionarios pagados. La tentación del sueldo, el regodeo del ejercicio fetichizado del poder, lanza a los grupos, sectores o movimientos internos a la repartija proporcional (en proporción a su corrupción, claro está), al arrebatarse candidaturas posibles ante la escandalizada y publica presencia del pueblo, al que dicen querer representar y servir. El partido maquinaria electoral está podrido; es inútil para la crítica, la transformación o la liberación de los movimientos populares, para el pueblo de los oprimidos y excluidos. ¡Es un escándalo! Democratizar un partido impidiendo las prebendas que tiene como destino a la "clase política" monopólica es universalizar sus cuadros, disolver sus divisiones internas y permitir movimientos de opinión en la discusión de la teoría, proyectos, propuestas concretas (pero no sólo ni principalmente en la elección de candidatos). Quizás una juventud del partido, no convocada por las agrupaciones internas, si no por el partido como un todo, pueda, en el mediano plazo, dar un espíritu de cuerpo a los partidos frutos de las alianzas particulares, personalistas, caciquiles, corporativas, y no de idearios con contenidos sostenibles ante el pueblo, en especial entre los pobres. La corrupción de los partidos es fruto de una pérdida de claridad ideológica del paradigma por el que se lucha, inexistencia de proyectos investigados y discutidos, falta de coherencia ética en sus cuadros." (pág.118)

Un nuevo Estado requiere nuevas articulaciones, como hemos explicado, estas articulaciones serían las nuevas instituciones (incluyendo los partidos políticos) y esto a su vez requiere una nueva forma de pensar, otro tipo de representación, otro tipo de participación ciudadana, requiere entonces una lógica, ética y política distinta. Para los países latinoamericanos sugerimos que para fundar estas nuevas instituciones se basen en los textos muy atinados del Dr. Enrique Dussel, ya que expone a fondo este tema y va muy alineado a la realidad latinoamericana. La base de su filosofía política radica en "El poder obediencial", es decir que el que mande, mande obedeciendo y no mandando, derrumbando el mito eurocéntrico del uso del poder sólo como dominación, dándole un enfoque de servicio al pueblo. Cabe señalar que el Dr. Dussel extrae su filosofía del estudio de las prácticas de los pueblos originarios, rescatando la esencia de la sabiduría ancestral de nuestras culturas latinoamericanas, adaptándola perfectamente a nuestra época moderna, lo que lo hace algo aún más especial. A lo largo de este libro iremos abordando algunos de los pensamientos más revolucionarios del Dr. Enrique Dussel, así como de otros grandes pensadores para fundamentar nuestra propuesta del incremento de derechos del individuo mediante la automatización, los exhortamos a que después de leer este libro le echen un vistazo a la obra de cada uno de estos autores.

Estamos conscientes de que el Estado, en México y Latinoamérica, no puede llevar todo el proceso de automatización a cuestas, sino que tiene que enfocarse en áreas específicas para no dispersar sus esfuerzos, pues los recursos en nuestros países son limitados. ¿Pero que le compete al Estado y que no?, ¿Dónde si es su obligación intervenir?, recordemos también que la política es el instrumento mediante el cual se ejerce la influencia para transformar el Estado, por ello es de vital importancia, comprender cómo funciona y cómo podemos utilizar este instrumento para crear un impacto significativo en nuestros aparatos estatales, a continuación daremos respuesta a ello y a las preguntas anteriores.

Principios políticos de la liberación humana

Recordemos que la propuesta que planteamos al principio del libro es incrementar los derechos del individuo a través de la automatización tecnológica, llegando al punto de la liberación humana; ahora, es innegable que para llevar a cabo semejante hazaña de incrementar los derechos del individuo a un nivel que le permita alcanzar la verdadera libertad, al menos en el plano material, hay que involucrar al Estado e inevitablemente a la política. Pero como hemos explicado unas líneas atrás, no podemos construir un Estado nuevo con principios políticos viejos, no cometamos los errores que están cometiendo Estados Unidos, China y Alemania, por ello nos basaremos en los textos del Dr. Enrique Dussel, creador de *La política latinoamericana de la liberación*, donde se plantea una nueva y revolucionaria forma de hacer política.

Al hacernos las preguntas ¿Cómo evaluar si una acción es políticamente viable? ¿Qué requisitos básicos se necesitan para que la acción propuesta sea por lo menos considerada en el mundo de la política?, el Dr. Dussel en su libro "20 tesis políticas", afirma que todo agente político debe basar sus acciones en principios, argumenta que estos principios políticos esencialmente son tres:

"Al menos los principios normativos de la política, los esenciales son tres. El principio material obliga acerca de la vida de los ciudadanos; el principio formal democrático determina el deber de actuar siempre cumpliendo con los procedimientos propios de la legitimidad democrática; el principio de factibilidad igualmente determina operar sólo lo posible" (pág. 72)

Con respecto al primer principio, el principio de lo material, en la página 74, explica lo siguiente:

La liberación humana.

"De lo que se trata en política es de crear las condiciones para la posibilidad de la vida de la comunidad (y de cada miembro) y para su acrecentamiento: Una vida posible; una vida cualitativamente mejor. Escribía Johann G. Fichte:

El objetivo de toda actividad (política) humana es poder vivir y a esta posibilidad de vivir tienen el mismo derecho todos aquellos a los que la naturaleza trajo a la vida. Por eso hay que hacer la división ante todo de tal manera que todos dispongan de los medios suficientes para subsistir. ¡Vivir y dejar vivir!

Por ello, una descripción mínima del indicado principio material podría enunciarse de la siguiente manera: Debemos operar siempre para que toda norma o máxima de toda acción, de toda organización o de toda institución (micro o macro), de todo ejercicio delegado del poder obediencial, tengan siempre por propósito la producción, mantenimiento y aumento de la vida inmediata de los ciudadanos de la comunidad política"

Con lo que respecta al segundo principio, el principio político formal democrático, este se refiere a que hay que operar en función del consenso del pueblo, es decir "mandar obedeciendo". Y por último, el tercer principio, el principio político de factibilidad se refiere a proponer y ejecutar solo cosas que entren dentro del rango de lo posible en la vida cotidiana. Finalmente el Dr. Dussel concluye con la siguiente frase que integra los tres principios como la regla máxima de operación que un político debería seguir:

"Los principios políticos constituyen, fortalecen y regeneran por dentro, obligando a los agentes, a afirmar la voluntad de vida, en el consenso factible de toda la comunidad, en sus acciones en vista de la hegemonía (como poder obediencial) y alentando el cumplimiento de las tareas de cada esfera institucional (material, formal de legitimidad y de factibilidad eficaz)"

Resumiendo, el primer principio político es que toda acción política debe afirmar la vida, el segundo principio político es que se debe contar con el consenso del pueblo y el tercer principio político es que se deben emprender acciones que estén dentro del rango de lo posible, si una acción o propuesta política contiene estos tres principios se puede decir que es políticamente correcta.

CAPÍTULO XII.

PROPUESTA DE LA "LIBERACIÓN HUMANA".

Ya hemos comprendido que toda acción política que influya en el Estado, para que sea realmente tomada en cuenta, debe de girar en torno de los tres principios fundamentales, primero, que sea una acción que afirme la vida del pueblo, segundo, que tenga el consenso del pueblo, y tercero, que sea algo posible de hacer (factibilidad). Para alcanzar el incremento de derechos a través de la automatización que permita combatir la pobreza, la desigualdad y la degeneración del tejido social, proponemos que el Estado adquiera los medios de producción automatizados que generan los bienes indispensables para la vida del ser humano, producir estos bienes y proveerlos a sus ciudadanos de manera gratuita (primer principio: afirmar la vida), así como se ha hecho con la educación y la salud. No impidiendo la producción de estos bienes a privados, pero si entendiendo que el Estado proporcionará estos de manera gratuita (gracias a la disminución de costos que traería la automatización). Los otros medios de producción que no abarquen temas de subsistencia humana pueden quedarse en manos privadas para que estos sigan explotándolas, entendiendo que las limitaciones de nuestros Estados latinoamericanos son grandes y no podrían llevar a cuestas de momento la automatización de todas las industrias como es el caso de China (tercer principio: factibilidad).

¿En qué consistiría este incremento de derechos? El Estado mediante la utilización de las nuevas tecnologías, que permiten la automatización de la producción, provea alimento, vestido, vivienda y transporte gratuitamente; con ello el humano sería libre y así las empresas no lucrarían con los bienes que satisfacen necesidades humanas primordiales para la supervivencia, pues estos al ser dueños del sistema de producción automatizado, pudiesen llegar a tener el poder para chantajear a una sociedad o país entero, al ser bienes básicos no nos podemos permitir esos riesgos.

Desde un análisis político y filosófico, lo más saludable es que los conocimientos técnicos y sistemas de producción de bienes o servicios básicos para la vida deben estar en manos de todos, es decir deben pertenecer al Estado y este a su vez debe tener la obligación de hacérselos llegar a su población.

Pero independientemente de los argumentos anteriores ¿Porque fijarse específicamente en los sectores de alimentación, vestido, transporte y vivienda? ¿Qué los hace tan especiales?¿Porque el Estado debería dar prioridad en invertir en estos sectores y no en otros?, el Dr. Enrique Dussel en su libro *20 tesis de política*, el cual es un resumen práctico de toda su vasta obra, en la pág. 131 de este, hace un análisis profundo acerca del tema, yendo a la raíz de los valores éticos más fundamentales de una sociedad, descubre que existe una relación y conclusión de individuos que han tenido una gran influencia en la historia que convergen precisamente en los mismos puntos vitales, a pesar de una aparente distancia ideológica y temporal, como si de una lógica universal se tratase, a continuación se los presentamos:

La civilización egipcia, una de las más antiguas de nuestro planeta, planteaba como debería comportarse el ciudadano ejemplar, demostrándonos el tipo de ética a la cual aspiraban como sociedad, esto se deja ver en un fragmento del libro de los muertos del capítulo 125, ejemplificándolo mediante un diálogo entre el dios de la muerte y un individuo que acababa de fallecer, en pleno juicio el ciudadano para salvar su alma expresa lo siguiente:

"Cumplí las leyes de los hombres y me ajuste a lo que complacía a los dioses, hice que dios estuviese en paz conmigo cumpliendo su voluntad, di pan al hambriento y agua al sediento, vestí al desnudo y socorrí al náufrago."

Coincidiendo con los valores éticos egipcios el fundador del cristianismo, que ha tenido una gran influencia hasta la fecha en nuestra civilización, expresó lo siguiente en Mateo 25:35-36:

Porque tuve hambre, y me disteis de comer; tuve sed, y me disteis de beber; fui forastero, y me acogisteis; 36 Estuve desnudo, y me cubristeis…."

F. Engels, un pensador más cercano a la actualidad expresó lo siguiente, en El origen de la familia:

La última instancia en la interpretación materialista de la historia es la producción y reproducción de la vida inmediata….de todo lo que sirve para alimento, vestido, casa…

Es decir, a pesar de las diferencias ideológicas y de distancias en el tiempo, es innegable que las conclusiones en estos puntos al final son las mismas, los valores éticos primordiales de las civilizaciones tanto antiguas como modernas se fundamentan en estos aspectos, y entonces un buen Estado para ser ejemplo de ética ante sus ciudadanos debe cumplir con sus habitantes mínimamente en estos aspectos, para cuidar a su población debe ofrecerles estos servicios: alimento, vestido, casa y ahora por los requerimientos actuales de la sociedad también la transportación, (socorrer al náufrago, como se expresa en el libro de los muertos, es decir ayudarle a llegar a su destino a salvo).

La lógica es solo una y apunta en una dirección: LA VIDA, esto es así porque todas las civilizaciones para poder prosperar deben estar fundamentadas precisamente en pro de la vida, sin estas bases éticas y morales difícilmente una sociedad podrá evolucionar, milenios de esta sabiduría ancestral nos demuestran que la verdad nunca dejará de ser revolucionaria, y aún hoy estos argumentos éticos son válidos, y nuestra sociedad debe apuntar a ello.

Ahora, es evidente que nos encontramos en un momento histórico donde hay una posibilidad real de plantearnos una hazaña de tal magnitud, pues antes solo se podía pensar en la liberación humana como un postulado, como algo inalcanzable, algo deseable y posible lógicamente, pero empíricamente imposible por las limitaciones tecnológicas del momento histórico, así pues hace algunos años el Dr. Enrique Dussel basado en el postulado de Karl Marx llamado "el reino de la libertad" planteó y reformuló el postulado de la siguiente manera en su libro *20 tesis de política*:

"Actúa económicamente de tal manera que tiendas siempre a transformar los procesos productivos desde el horizonte del trabajo cero. La economía perfecta no sería la de una competencia perfecta (como piensa F. Hayek), sino una economía en la que la tecnología hubiera reemplazado del todo al trabajo humano (trabajo cero: lógicamente posible, empíricamente imposible). La humanidad se habría liberado de la disciplina siempre dura del trabajo y podría gozar los bienes culturales." (pág. 134)

Cuando el Dr. Dussel reformuló este postulado y más aún cuando Marx lo creó hace más de un siglo la tecnología todavía no nos dejaba pensar que algo así era posible, pero hoy en día, la tecnología ha avanzado a tal punto que llevar a cabo este planteamiento se ha vuelto una posibilidad muy real. Como hemos expuesto anteriormente la automatización nos alcanzará queramos o no, la cuestión es, si esta automatización liberará al humano o servirá solo para desplazarlo en las empresas dejándolo en el desempleo.

Es importante aclarar lo siguiente, si como sociedad tomamos las decisiones correctas y nos decantamos por el camino que nos lleve hacia la liberación humana, el concepto que hoy tenemos de "trabajo" desaparecería, es decir, el hecho de estar laborando en un sitio a cambio de una cantidad determinada de dinero para solventar nuestras necesidades básicas, ya no existiría; ahora la persona tendría la oportunidad de dedicarse si así lo desea a algo que le dé sentido a su vida, que verdaderamente disfrute y que ayude al mejoramiento continuo de su sociedad, sin cuestionarse si es redituable o no, pues sus necesidades básicas ya habrían sido satisfechas.

A continuación se plantea sector por sector el tipo de tecnología que permitirá en un plan de 25 años lograr la libertad absoluta del ciudadano mexicano y latinoamericano. Creemos que la tecnología debe servir para el incremento de derechos no para dilapidarlos.

Alimentación

Para hablar de este tema es necesario comprender lo que la tecnología ha hecho en el lugar donde se producen los alimentos que consumimos, el campo.

Actualmente en el área del campo han surgido diversos tipos de tecnología que generan la automatización de procesos que permiten la autogestión de un área productiva. El término que se está intentando acuñar es "la agricultura de precisión", en el espacio digital *Hidroponía* la definen como:

Aquella que funciona como un esquema de administración que hace uso de múltiples tecnologías, con el objetivo de recolectar datos útiles que permitan favorecer a la producción a través de la comparación de diferentes fuentes. Esta actividad hace uso de herramientas que permiten aumentar la rentabilidad de los cultivos así como su calidad, cantidad y rendimiento, por lo que ocupa elementos como computadoras sensores de suelo, sistemas de posicionamiento global, sistemas de información geográfica, monitores de rendimiento y cualquier otra tecnología que ayude a controlar y automatizar el manejo específico de una zona o área de cultivo y que además permita localizar de forma específica a distintas especies vegetales, desde diferentes puntos la agricultura de precisión ayuda a aumentar la eficacia productiva de manera considerable ya que permite llevar a cabo un análisis mucho más profundo del área ; lo cual implica conocer la variabilidad del campo, es decir a través de esto es posible saber si el lugar es óptimo para cultivar y que se produce en él, entre otras cosas; además gracias a esta técnica se pueden realizar muestreos del suelo con el fin de conocer sus condiciones el tipo de materia orgánica con la que cuenta, las deficiencias y los nutriente que pueda aportar.

En el espacio digital *Sistema agrícola* se plantea:

Que la implementación de las nuevas tecnologías para el campo, como la inteligencia artificial de manera limitada y controlada nos va a permitir la oportunidad de asistir a un momento donde la automatización de la agricultura será masiva. La plantación, el mantenimiento, la vigilancia, el control y hasta la recolección serán automatizados

La empresa DJI presentó un dron que da la oportunidad de pulverizar herbicidas a 36 mil metros cuadrados por hora algo que hace 20 años no se podría imaginar. Luego de un tiempo de trabajo los drones regresarán a recargar sus depósitos de batería y líquidos para iniciar nuevamente su labor del día por las zonas. Los drones se encargará además de vigilar y analizar las cosechas con distintas cámaras y sistemas, alcanzarán en tiempo real la detección de cualquier problema como comprobar, como se encuentra la granja en determinado momento hasta posibles focos de actividad animal, también se habla de los tractores autónomos que no necesitan conductor.

Un rancho agrícola es un espacio perfecto para ser automatizado totalmente por tractores, cosechadoras y sembradoras sin tener una persona que los conduzca desde la cabina del vehículo. El terreno siempre es el mismo no existen elementos no autónomos transitando, no hay señales de tránsito y siempre es a baja velocidad. Los tractores y vehículos autónomos, y semiautónomos, ya están funcionando en muchas granjas del mundo. Estos tractores controlados sólo por control remoto o por un plan de acción predeterminado son capaces de realizar distintas tareas sobre el terreno y las cosechas. Desde arar, hacer surcos, mover el terreno o hasta recolectar diferente tipo de grano, llevarlas al remolque y regresar a descargar cuando detecte que haya suficiente carga.

También se habla de la automatización del proceso de recolección:

La automatización no se queda solo en los cultivos de campo; frutas como la naranja los higos o la oliva ya se están tratando con esta tecnología. Un software, brazos robot, cámaras, gps, y redes son las herramientas que realizan hoy la labor que hasta hace poco requerían largas jornadas de trabajo y de muchos hombres.

A la par de la información que le presentamos aquí usted puede verificar esta información con videos donde se ve claramente esta tecnología en acción, ver cómo funcionan estos tractores y drones autónomos que gestionan el campo junto con los sensores que se colocan en la tierra, que recopilan datos y permiten a esta inteligencia artificial tomar decisiones para definir que estrategias seguir y hacer más eficiente la producción. Uno pensaría que es una tecnología muy lejana pero la realidad es que ya está entrando en operación, hay empresas que ya están comercializando este tipo de tecnología en los países de primer mundo.

La pregunta es ¿Cómo hacerle en un país como México? Un país con tanto potencial de producción agrícola para introducirlo a esta revolución. La capacidad y potencial de esta tecnología nos permitiría gestionar enormes cantidades de terreno prácticamente sin personal. Es importante aclarar que muchas de esas tierras se encuentran ociosas.

¿Qué pasaría si gestionáramos con esta tecnología nuestras tierras? En un plan donde el Estado produjera a toda su capacidad los alimentos de la población. Los alimentos saldrían a costes extremadamente bajos, entendiendo que la mayoría de estos aparatos funcionan con electricidad y se puede aprovechar la luz solar, que por razones geográficas tiene en abundancia nuestro país a través de paneles solares y con estos generar la electricidad necesaria.

Por qué no pensar en que la tecnología puede liberar al humano de la incansable lucha por el alimento; si juntamos esta tecnología con nuestros abundantes recursos naturales se podría generar suficiente alimento para acabar con el hambre y la desnutrición al menos en nuestro país.

Evidentemente nuestro país es rico en recursos naturales pero pobre en este tipo de tecnología; porque no pensar en alianzas estratégicas con países de espacio reducido y sin condiciones propicias para la producción agrícola, pero con grandes avances tecnológicos, como Japón. Compartir producción a cambio de tecnología sería algo posible.

O que el país invierta en este *know how* tecnológico como política de Estado, donde este eche mano de los recursos tanto monetarios como naturales de los cuales disponemos (tierras que puedan usarse) para lograr la automatización masiva del campo y generar alimentos para toda la población.

Estamos en una época de grandes cambios sociales y la tecnología evidentemente puede ser ese factor decisivo que cambie la forma en cómo nos organizamos y la forma en cómo digerimos la realidad. Hay que darnos el permiso de imaginar que la liberación de la humanidad es posible, técnicamente la tecnología lo permite, la pregunta es si nuestras ideologías o estructuras mentales que nos han construido nos permitirá verlo.

Ya hemos visto que la producción de alimentos en nuestros campos se puede automatizar, cosa que satisface nuestra necesidad más básica de todas, ¿Qué más puede hacer la tecnología por nosotros? En las siguientes páginas iremos dando respuestas a esta interrogante.

Vestido

La industria textil es sin duda una de las que más ha crecido, primero, por la inevitable necesidad del humano de cubrirse, segundo, por la disponibilidad de la mano de obra barata para los procesos que eran principalmente manuales.

Es bien sabido por todos que diversas marcas de relevancia internacional se movilizaban a los países asiáticos precisamente por los costes bajos de mano de obra, como Taiwan, Tailandia y China.

Pero como se menciona en el espacio digital del Dr. Enrique Dans, autor de diversos artículos y libros referentes a la innovación tecnológica, nos explica que está surgiendo un fenómeno nuevo, se está viendo la aparición de dos tendencias:

Por un lado, compañías como Crystal Group, que fabrica para marcas como HyM, GAP, Uniqlo o Victoria's Secret, que afirma no apostar por la automatización y seguir optando por la mano de obra barata en lugar de la robotización. Por otro, empresas como Mohammadi Group, un gigante que ha ido diversificando su actividad y adquiriendo maquinaria cada vez más sofisticada, y que progresivamente está incorporando robotización y automatización. Los nuevos robots de producción textil son cada vez más capaces de hacerse cargo de tareas que hasta hace muy poco, eran consideradas intrínsecamente humanas.

Compañías como softwear afirman ser capaces de fabricar una camiseta en 2.5 minutos, eliminando el trabajo humano en un 90% y obteniendo el doble de productividad por turno, con tecnologías cada vez más optimizadas.

Uno al leer esto se pregunta ¿Será rentable para las maquiladoras textiles sustituir la mano de obra por robots tecnológicamente avanzados? Lamentablemente querido lector la respuesta es sí, en el libro *¡Sálvense quien pueda!* del periodista Andrés Oppenheimer se plantea lo siguiente:

Según un estudio de la consultora Bain y Company, mientras que una empresa en China tardaba 5.3 años en recobrar la inversión de reemplazar a un trabajador humano por un robot industrial en 2010, seis años después el tiempo de recuperación de la inversión se había reducido a un año y medio

Esta información si uno la analiza a primera impresión resulta terrorífica, porque nos está anticipando lo que viene, un despido masivo de trabajadores, pero ¿Debemos echarle la culpa a la tecnología de esto? ¿Debemos temerle? Nosotros opinamos todo lo contrario, creemos que la tecnología lejos de perjudicar, traerá beneficios, siempre y cuando le demos el uso correcto.

Pero observamos claramente un choque entre la tecnología y nuestro sistema económico. Y creemos que no debemos privarnos de los beneficios de la tecnología sino todo lo contrario, tal vez la respuesta sea construir una nueva sociedad donde los avances tecnológicos lejos de perjudicar nuestras economías nos permitan ir más allá y dejar que esta traiga el bienestar a nuestras vidas.

Una sociedad donde los bienes básicos sean provistos por la tecnología y libere al humano de esos trabajos rutinarios que solo atrofian su mente. Una sociedad donde el humano y su desarrollo personal e intelectual sea el centro de todo. Y no vivir en el temor de que una máquina más eficiente vendrá a sustituirme, si no que vendrá a ayudarme. En realidad, si no pensamos que la tecnología nos traerá más beneficios que perjuicios, es que algo anda mal.

Una sociedad donde los derechos del humano se acrecientan no solo a educación y salud gratuita, si no a alimentación, transportación, vestido y vivienda gratuita. Y no pensar que el humano se estancará por ello porque al no tener una motivación "monetaria" ya no hará nada o no avanzará, nosotros creemos que pensar de esa forma nos estaría subestimando como especie. Creemos que el humano tiene motivaciones más nobles y más poderosas que esa. Creemos que el humano avanzará hacia otro nivel cuando descubra que no tiene que vivir en una esclavitud pagada para darle sentido a su vida. Pues mirará más lejos y aspirará a cosas extraordinarias. Cuando descubra que las fronteras no existen en el mundo físico, si no solo en la mente y que esas ideas han sido insertadas ahí, cosa que nos han hecho tanto daño. Pues no somos diferentes, somos los mismos y todos vamos hacia el mismo destino.

Definitivamente se puede llegar a la conclusión de que la industria textil se puede y se está automatizando progresivamente gracias a los avances tecnológicos.

Vivienda

La necesidad de vivienda para el humano es primordial, pero hasta el momento el Estado ha sido muy ineficiente para darle una solución a este tema. En el sistema actual mexicano después de que has trabajado por unos años acumulas ciertos "puntos", que posteriormente te hacen acreedor al crédito para adquirir una vivienda, es un crédito que cargas como trabajador durante 20 a 30 años, si en esos años pierdes tu empleo y dejas de pagar corres el riesgo de que te embarguen la casa; es decir el ciudadano mexicano siempre vive a la expectativa y en el temor de la pérdida de su trabajo porque sabe que ahí también hay un riesgo implícito de que si pierde este y si no encuentra otro pronto también podría perder su patrimonio.

Así, de esta manera el ciudadano carga con ese estrés prácticamente durante 30 años de su vida. Es entonces cuando uno reflexiona ¿El ser humano es verdaderamente libre? ¿En verdad no existen los recursos para solventar la importante necesidad humana de la vivienda? ¿Tendremos siempre la necesidad de vivir la mitad de nuestras vidas pensando que en cualquier momento nos pueden quitar nuestro hogar, el cual es necesario para nuestro desarrollo saludable como individuos? ¿Todavía nuestra capacidad e ingenio humano no nos ha permitido llegar al punto en donde podamos darle solución a esa problemática?

La respuesta querido lector es que ha llegado el momento en que darle solución a este problema ya es posible y es gracias a la tecnología.

La liberación humana.

Lo explico por pasos, primero expliquemos la parte tecnológica, en el portal digital europeo *Euroresidentes* y en un reportaje del portal internacional de noticias *RT* se nos explica que la empresa China *Win Sun Decoration Design Engineering Systech* desarrolló un sistema de construcción en el que 4 impresoras gigantes 3D cada una de 10 metros de ancho y 6.6 metros de altura construyeron 10 casas de aproximadamente 195 metros cuadrados, todo en menos de un día.

Un ingeniero simplemente programa la forma, el lugar y las dimensiones de la casa y las impresoras hacen el resto de manera automática. Las casas se hacen de un material bastante resistente, un tipo de cemento de secado rápido.

Según los datos estas casas de aproximadamente 195 mt2 hechas por las impresoras 3D tienen un coste global total de menos de 5000 dólares, cuando en México construir una casa de esas mismas dimensiones, de manera tradicional, en promedio tiene un coste de 39,000 dólares (Para el cálculo se tomó como base el costo más bajo por metro cuadrado de una casa de interés social en México, siendo este el que tiene los acabados más austeros). Podemos observar una diferencia enorme entre los costos de las viviendas; si consideramos que la mayor parte del coste de estas casas elaboradas por las impresoras 3D, es la materia prima, que se extrae de la tierra, y entendemos que el Estado es el concesionario de esa tierra, podríamos estar frente a la posibilidad de reducir aún más estos costes y así plantearnos la posibilidad de proporcionarle a los ciudadanos tal vez no una casa de 200 mt2, pero si una casa de 80 mt2, entendiendo que en el 2010 en México la superficie de una casa de interés social era de 48.8 mt2, cosa que resulta un absurdo, pues una familia no se puede desenvolver en un espacio como ese. Esta casa de 80 mt2, que podría proporcionar el Estado con estas nuevas tecnologías tendrían aproximadamente un coste global de $2,051.00 dólares, de los cuales como ya explicamos la mayor parte del costo es el material; de esta manera y con el apoyo de la automatización el Estado podría muy fácilmente solucionar el problema social de la vivienda, si bien es cierto, tal vez no regalar la vivienda, pero si por lo menos disminuir su coste de $25,000.00 dólares (costo promedio de una casa de interés social en México) a entre $2,051.00 y $1,000.00 dólares según la estrategia a seguir, reduciendo el coste de manera dramática. Pero comprendemos que si queremos alcanzar la liberación humana lo ideal sería proporcionar la vivienda a las familias sin coste, así como se proporciona la educación y la salud, pues sin una vivienda digna no hay una vida humana digna.

Nuestra intención es hablarle de una extensión de derechos humanos, una verdadera liberación humana a través de la automatización, que creemos revolucionará a nuestra especie y a la sociedad, aumentando nuestro bienestar.

Transporte

La constitución mexicana en su artículo 11 establece el derecho a la libertad de tránsito, pero vemos que este derecho no lo podemos ejercer en toda su plenitud, pues la libertad de tránsito está condicionada a la capacidad económica del individuo ,es decir que a pesar de que en teoría podamos desplazarnos de un lugar a otro libremente, en la realidad existen condicionantes que limitan la expresión de este derecho; el ser humano, para que explote todo su potencial en esta existencia, es necesario que deba y pueda desplazarse hacia donde su creatividad y su deseo de exploración le lleve, podrá o no ejercer su derecho, esa es su decisión, pero hay que proporcionar los medios para que eso sea posible.

Los costos elevados del transporte actual se deben principalmente al alto costo del combustible, y si a eso le agregamos que para el funcionamiento del transporte público hace falta contratar a un conductor que realice esta función, uno justifica de alguna manera ese alto costo. Pero qué pasaría si les decimos que es posible eliminar esos costos a través de la utilización de la nueva generación de transportes eléctricos autónomos, en la página digital *Tec Review* perteneciente a una de las universidades más prestigiosas de México, el Tecnológico de Monterrey, se publicó lo siguiente:

Japón comenzará a probar en 2019 una flotilla de minibuses autónomos eléctricos de origen chino con el objetivo de solucionar diversos problemas de movilidad urbana.

Se trata de un proyecto que están desarrollando en conjunto sb drive, empresa del nipón Soft Bank Group y la china King Long United automotiv industri subsidiaria de Baidu dedicada a internet.

Algunas compañías pretenden ir más lejos todavía, pues en el portal digital de noticias de negocios *Forbes* se menciona que la empresa *Sono Motors* con sede en Munich Alemania está desarrollando el *Sion*, uno de los primeros vehículos solares:

Sono Motors fundada en 2016, está desarrollando el Sion, un auto totalmente eléctrico con celdas solares integradas en su carrocería. Se puede cargar mediante energía solar fuentes de alimentación convencionales u otros coches eléctricos.

El Sion tendrá 330 células solares unidas al techo del auto, el cofre y los laterales y su sistema de batería tendrá un alcance de 250 km antes de que necesite ser recargado.

Este vehículo saldrá a la venta en la segunda mitad del año 2019, a su vez en enero de 2019 se presentó en el congreso de ciencias de la India el primer autobús autónomo solar diseñado por estudiantes de la *Lovely Professional University* el autobús está equipado con un motor eléctrico, toma de carga y módulos fotovoltaicos integrados en su chasis. Diseñado para transportar de 10 a 30 personas. Lo que nos indica que esta tecnología ha dejado de ser ciencia ficción, la pregunta es ¿Cómo nosotros la introduciremos a nuestra sociedad? y más importante todavía ¿Qué cambios sociales traerá como consecuencia de ello?

Elon Musk CEO de *Tesla Motors*, compañía emblema de la tecnología en autos autónomos, en una entrevista comentó que esta tecnología usada de forma correcta, sería significativamente más segura que el manejo de una persona y por lo tanto sería moralmente no ético detener la funcionalidad de esta tecnología solo por un tema de regulación legal. Esto nos deja ver el nivel de alcance de esta nueva tecnología, por lo tanto no podemos evadir la discusión de este tema, esta tecnología es algo que nos inundará en la próxima década.

Las grandes ventajas de esta tecnología es que es tecnología limpia, que no daña el ambiente y que al adquirirla los costos añadidos para su funcionamiento disminuyen, pues el hecho de que utilice energía solar para su operación le permitirá una funcionalidad de muy bajo costo y de mayor rendimiento, así también el factor de ser autónomo no agrega costo del elemento humano para su conducción. El costo de transportación urbana e interestatal se desplomaría al punto tal que si el Estado adquiriera una flotilla de autobuses solares autónomos pudiese hacer realidad la concreción del artículo 11 de nuestra constitución, llevándolo a otra dimensión y otorgándole a los ciudadanos la liberación humana y la expansión de este derecho, el derecho al libre tránsito sin límites y sin costo para el usuario por todo nuestro territorio nacional; hacer realidad la letra expresada en la constitución, ser el primer Estado en elevar el derecho a desplazarse sin límites ni coste para goce de sus ciudadanos, eso elevaría la calidad de vida considerablemente.

¿Por qué no dejar el transporte a privados? no se plantea que sea un definitivo no, se pudiese generar estrategias donde el usuario no tenga que pagar el transporte y el privado que invierte en el transporte solar autónomo venda espacios para publicidad dentro del mismo, así el ciudadano podría adquirir el beneficio de transportarse sin costo. Esto en un periodo de transición, pues lo ideal es que el Estado lo convierta en los nuevos espacios públicos ya que como se ha mencionado el transporte es un derecho que no debiera quedarse en manos de agentes que están fuera del ámbito público. Ya que en la exigencia de sus peticiones podrían terminar perturbando el derecho de la mayoría ciudadana. Es una ecuación lógica y simple.

84

CAPITULO XIII.

EL CONSENSO DEL PUEBLO.

Después de la información presentada y su análisis podemos decir que nuestra propuesta de la expansión de derechos a través de la tecnología para alcanzar la liberación humana cumple con dos principios normativos fundamentales de la política, recordemos que la política es el instrumento que nos ayudará a poder convertir una propuesta en realidad a través del Estado, por ello toda propuesta política debe girar en torno a tres principios fundamentales, como ha afirmado el Dr. Enrique Dussel en su libro *20 tesis de política* estos son: principio 1: que sea una acción que afirme la vida del pueblo, principio 2: Que la propuesta tenga el consenso del pueblo y principio 3: Que la propuesta sea algo posible de hacer en la realidad. El principio 1, se cumple pues la propuesta de la liberación humana es una propuesta que afirma la vida, ya que pretende incrementar los derechos del individuo para asegurar su alimentación, su vestido, su vivienda y su transporte utilizando la tecnología como la herramienta principal para lograrlo, a través de un proceso de automatización de estos aspectos en específico, que son necesarios para asegurar que el individuo por el simple hecho de ser un humano tenga acceso a estos recursos para su subsistencia. Es una propuesta que también cumple con el principio 3, ya que es una propuesta factible, pues como hemos explicado la automatización de los procesos de producción es algo que está ya en marcha en diversos países, lo que técnicamente lo vuelve realizable, la tecnología para hacerlo posible ya es una realidad, como hemos visto existe ya una automatización del campo, de la producción maquiladora, de la creación de viviendas prácticamente sin la intervención de la mano de obra humana a través de impresoras 3D automatizadas, con una capacidad de producción increíblemente veloz, así como la automatización del transporte público con tecnología de los vehículos autónomos solares, es evidente que la propuesta se delimitó a estas áreas, excluyendo otras, debido al presupuesto limitado que podría tener el Estado, ajustándolo para que se convierta en una propuesta realizable en el mundo físico.

El único principio que faltaría cumplir sería, el principio 2, llegar al consenso del "pueblo", es decir, que el pueblo esté dispuesto a tomar en sus manos su destino y no que este sea planteado como una imposición, recordemos que el único soberano es el pueblo, ya que en él reside el verdadero poder, si el "pueblo" está dispuesto a enfilarse a un proceso de la liberación del humano, que permita un incremento en sus derechos, que por el simple hecho de ser humanos tengan acceso a los bienes materiales que permitan su subsistencia, y con ello utilizar su fuerza y energía para generar recursos, no para meramente subsistir, si no para pensar en aspirar a otros ideales más elevados, pensar o preocuparse por construir una mejor humanidad, una humanidad más ecológica, filosófica, ética, política y tecnológicamente más avanzada.

Es precisamente el fin de este texto, dar a conocer las posibilidades que tenemos como humanidad, generar el suficiente consenso popular y empezar nuestra transformación como sociedad. Países como Alemania, China, Japón y EUA van hacia esa dirección, pero ellos a diferencia de lo que proponemos nosotros no llegaron a esa decisión en forma de consenso popular, si no en forma de políticas de Estado, priorizando la parte económica, es evidente que México debe dar el ejemplo y que en esta cuarta revolución industrial en el proceso de automatización no se debe priorizar lo económico si no lo social, priorizar la humanidad, priorizar el bienestar del ser humano, llevando al individuo a un estado de verdadera libertad, apostar finalmente como se ha dicho líneas atrás por crear una sociedad más avanzada en términos ecológicos, éticos, filosóficos, políticos y tecnológicos.

88

CAPÍTULO XIV.

MÉXICO Y LATINOAMÉRICA: EXPANSIÓN DE DERECHOS Y LIBERACIÓN HUMANA 2020-2045.

Como hemos visto a lo largo de esta segunda parte la tecnología que trae esta cuarta revolución industrial es algo impresionante y como planteaba el doctor Schwab, es algo que "modificará fundamentalmente la forma en que vivimos, trabajamos y nos relacionamos", la pregunta es ¿Cómo queremos que la modifique?, ¿Si para bien o para mal?, si lo hacemos pensando en el bien común o en el bien solo de unos pocos. Ya les hemos expuesto nuestra postura en contra de los impuestos a los robots y de la imposición de un ingreso universal, por una sencilla razón, si el Estado no es dueño de los sistemas de producción de bienes para la subsistencia, la población de ese Estado siempre será vulnerable, lo explicamos con el siguiente ejemplo: Supongamos que hay dos países, uno que prefirió darle un ingreso universal a sus ciudadanos y otro país que decidió adquirir los medios de producción automatizados para producir alimentos, en este caso una manzana. Pasan 5 años y en los dos países todo marcha a la perfección, en uno se les da su ingreso a los ciudadanos con los cuales solventan sus necesidades y puede comprar esa manzana a las industrias automatizadas privadas y en el otro país los medios de producción producen esa manzana que se la entregan directamente al ciudadano, pero por cuestiones económicas se viene una devaluación en ambos países y al ciudadano en el país 1, el ingreso (IBU) que le estaban proporcionando resulta que ya no le alcanza para adquirir una manzana completa si no solo media manzana y al país no le alcanza para incrementar ese ingreso universal, los industriales privados no están dispuestos a sacrificar sus utilidades pues argumentan que eso los llevaría a la quiebra, por lo cual el Estado de ese país pide a sus ciudadanos ajustarse al nuevo presupuesto, el cual se irá deteriorando al punto en que el ingreso universal irá perdiendo progresivamente su poder adquisitivo, un ejemplo similar a lo que le estamos narrando sucedió en nuestro país México donde el salario mínimo en el último cuarto del siglo XX perdió cerca del 70% de su capacidad de compra, ese es el peligro de utilizar un ingreso universal pues con el pasar del tiempo puede fácilmente, debido a los cambios económicos, perder poder adquisitivo que solo terminaría afectando a los ciudadanos de manera directa. Caso contrario en el país 2, propietario de su sistema de producción automatizado y que genera sus propios alimentos, a pesar de que el país sufra una devaluación no le afectaría tan gravemente; la manzana en sí misma no pierde valor, pues al tener los medio de producción y los campos para producirla estaría prácticamente sin afectarse, el país 2 entregaría como en los años anteriores la misma manzana completa a pesar de que en él haya un desastre económico. Es evidente que ese ciudadano en el país 2 si se vería afectado en su poder adquisitivo en otras áreas, pero no en lo que respecta a los bienes para la subsistencia básica, ese es el planteamiento, asegurar el bienestar del individuo en lo que respecta a los productos de subsistencia básica, poner el bienestar común como la prioridad, asegurando los medios que permitan afirmar la vida de la población, no dejando en la mano invisible del mercado una responsabilidad tan grande como la vida de todo un pueblo, ese error ya lo hemos cometido y le ha costado muy caro a nuestros países latinoamericanos, que la mano invisible se encargue de otras áreas, pero no de la subsistencia de la vida humana, esa hay que asegurarla a toda costa.

Es claro y como habíamos planteado unas líneas atrás que el rol de México y Latinoamérica en el mundo no es convertirse, como Alemania y China, en potencias automatizadas y súper productoras de tecnología, pues nuestras condiciones no nos lo permiten por el momento, pero sí ser un país que dé el ejemplo de buen uso de la tecnología, que la utilice con el objetivo noble de ponerla al servicio de la sociedad, hacer un plan de largo plazo como el de estos países, pero con un enfoque más hacia el humanismo *"México y Latinoamérica: Expansión de derechos y liberación humana 2020- 2045"*, algo inspirador que nos haga voltear a aspirar como sociedad hacia la construcción de una humanidad más justa. Sobre todo, entender que debemos aprender de nuestras experiencias pasadas y traducirlo en conocimiento al servicio de todos.

Nuestra recomendación es dar un proceso de 5 años para lograr el consenso del pueblo, a su vez desarrollar y ajustar la parte técnica, paralelamente a esto llevar a cabo el proceso de transformación de la educación que como hemos explicado en la primera parte de este libro, ésta en definitiva no puede esperar, estos niños que ahora están en las escuelas primarias serán pues la futura sociedad, por lo que hay que prepararla lo mejor posible, posteriormente después de alcanzar el consenso del pueblo y apuntalar la parte técnica y educativa, en los siguientes 20 años partiendo del año 2025 y concluyendo en el año 2045, llevar a cabo el proceso de automatización echando a andar al mismo tiempo los 4 proyectos: alimentos gratuitos, vivienda gratuita, vestimenta gratuita y transporte gratuito, para que en un proceso de 20 años de ensayo y error logremos la meta, es muy probable que pueda lograrse en menos tiempo el objetivo de la liberación humana si el proceso tecnológico mundial sigue avanzando al ritmo en el que actualmente se está desempeñando y también si nuestros pueblos asumen con seriedad su papel. El ritmo y el tiempo que se requiera para la transformación finalmente serán determinados por este. Además no hay que olvidar un dato importante, Latinoamérica tiene la ventaja de contar con los mayores yacimientos de litio en el mundo, reservas enormes como las encontradas en el estado de Sonora en México o las del Salar de Uyuni en Bolivia; el litio será el mineral más importante en las próximas décadas por su uso en la creación de baterías, las cuales serán requeridas en la nueva generación de automóviles eléctricos, de smartphones, así como de cualquier tipo de gadget tecnológico que vaya surgiendo, lo cual nos da una ventaja estratégica a nivel mundial.

Es innegable que cada país debe ser capaz de salir adelante con sus propios medios y construir su propio camino, pero también es innegable que México y los pueblos latinoamericanos tenemos un mismo origen común, somos descendientes de aquellos primeros hombres que cruzaron el estrecho de Bering hace miles de años. Nuestras culturas son el mismo pueblo, peculiaridad que nos da una identidad especial, definida por el filósofo y académico mexicano José Vasconcelos como la "Raza cósmica". Ahora, imaginemos el poder de este pueblo, la voluntad de casi todo un continente unido no solo por su lenguaje, cultura y anhelos comunes sumando trabajo, recursos monetarios e intelectuales por un objetivo común, utilizando la tecnología para facilitar nuestro reencuentro, utilizando la tecnología para acabar con la pobreza y la desigualdad que hemos sufrido durante siglos, todos unidos por un objetivo noble de alcanzar nuestra verdadera liberación, la liberación humana.

IN LAK' ECH – HALA KEN

94

CAPÍTULO XV.
LA FUERZA DEL PUEBLO

Hiperpotentia:

"Es el poder del pueblo, la soberanía y autoridad del pueblo que emerge en los momentos creadores de la historia para inaugurar grandes transformaciones o revoluciones radicales." (Dussel, 2006, Pág. 97).

Conatio vitae conservandi:

Es el impulso a conservar la vida, se transforma en un impulso vital extraordinario. Rompe los muros de la totalidad y abre en el límite del sistema un ámbito por el que la exterioridad irrumpe en la historia. (Dussel, 2006, Pag.94).

Cuando nos pregunten y ¿Cómo se puede financiar un proyecto de esa naturaleza? nosotros les diríamos, no nos confundamos, el poder del pueblo (hiperpotentia) es tan grande y no nos damos cuenta, no olvidemos que la verdadera sede del poder está en el pueblo, no en las autoridades representativas. Un pueblo organizado pudiera mediante instrumentos como los bonos ciudadanos sacar adelante proyectos que le traerían un beneficio directo a todos, sin necesidad de tener que incrementar la deuda externa de su país, financiando el pueblo mismo su propio proyecto de liberación; así como los bonos ciudadanos o el Estado en sí mismo, existen otras herramientas que pueden catalizar la fuerza del pueblo y enfocarla para desarrollar cosas extraordinarias. El pueblo organizado es una fuerza y su mayor fuerza emerge cuando tiene la voluntad de vivir, esa voluntad de vivir surge cuando crea proyectos que afirmen su vida; la liberación humana sería un proyecto que afirmaría la vida del pueblo, pues aseguraría los bienes básicos para su subsistencia.

Un ejemplo de esa voluntad de vivir del pueblo mexicano y cómo surge de manera abrupta, es como ha pasado en los desastres naturales, recordemos que en el terremoto de la ciudad de México en el año 1986, no fueron las autoridades las que organizaron al pueblo, fueron los mismos ciudadanos que se coordinaron para rescatar a los heridos, esta capacidad surgió abruptamente porque nuestro pueblo tiene una voluntad de vivir muy intensa, muy fuerte, está incrustada en nuestra cultura, pero qué pasaría si esa voluntad y esa fuerza son canalizados en proyectos planeados y enfocados para traer o construir un mundo mejor para nuestra sociedad, es ahí cuando el pueblo puede construir cosas maravillosas, extraordinarias.

De este pueblo mexicano ha salido gente revolucionaria como Guillermo González Camarena que inventó la televisión a color, gente como el químico Luis Ernesto Miramontes Cárdenas inventor de la píldora anticonceptiva que causó una revolución científica y social; también de aquí salió el ingeniero Manuel Gutiérrez Novelo el hombre que creó el primer visor 3D, tecnología que actualmente se está utilizando para crear la nueva generación de televisores y nuevas experiencias en el cine, esta tecnología en los próximos años modificará de manera radical la forma en cómo consumimos contenido audiovisual. Nuestro pueblo, es un pueblo muy creativo capaz de innovar con aportaciones que benefician al mundo, debemos pues echar a andar la mayor innovación social y humanista de la historia, México y Latinoamérica deben pues dar ese primer paso hacia la liberación humana.

CAPÍTULO XVI.
CONCLUSIÓN

Mientras el alimento y necesidades básicas no sean un derecho y estén condicionados a la supuesta capacidad de producción del individuo, el ser humano no conocerá nunca la plena libertad. Y no podrá ejercerla en su máxima expresión, pues el dueño del sistema de producción de los bienes básicos, así como el mercado condicionarán el nivel de libertad del individuo. El que controla el sistema o el dueño del sistema podrá reprimir al individuo cuando este ejerza su libertad. En cambio si el individuo por default tiene satisfechas sus necesidades básicas, este podrá denunciar, exigir y construir una sociedad mejor. Permitiendo mejores cambios para la sociedad y que ésta a su vez no será ya más controlada por un grupo compacto de individuos que podrían encumbrarse en el Estado o apropiarse de determinados sectores económicos que resulten vitales para los ciudadanos y desde ahí controlar o chantajear a la sociedad.

El poder de la tecnología no debe servir para empoderar a unos pocos. Si no que el poder de la tecnología debe estar al servicio del pueblo. Es decir la automatización no solo debe servir para el ahorro de costos de la empresa de un individuo, si no el poder de la automatización debe servir también para que el pueblo deje de ser esclavo de sus necesidades fisiológicas. Dar de comer al hambriento, casa al peregrino y vestido al desnudo.

Es evidente e importante mencionar que el beneficio de estos nuevos derechos debe estar vinculados a la obligatoriedad de la educación, cosa que ya está en nuestra constitución. Un pueblo, bien alimentado, protegido, libre y culto, es muy probable que sea el pueblo que funde la nueva sociedad del futuro.

Cubrir entonces las necesidades básicas del individuo, por el simple hecho de ser un humano, sería el mayor acto en favor de la libertad en la historia de la humanidad, el camino hacia la verdadera liberación humana.

BIBLIOGRAFÍA

Conoce Hidroponía. (2016)¿Qué es la agricultura de precisión? Hidroponía.mx. Recuperado de https://hidroponia.mx/que-es-la-agricultura-de-precision/

Dans, E. (2018). La industria textil y la mecanización. Enrique Dans. Recuperado de https://www.enriquedans.com/2018/03/la-industria-textil-y-la-mecanizacion.html

"Disruptive Technologies: Advances that will transform life, business, and the global economy", McKinsey Global Institute, mayo de 2013.

Dussel, E. (2006). 20 Tesis de política. D.F., México: Siglo XXI editores

EFE (2019). Los niños japoneses estudiarán programación desde primaria. INVDES, Recuperado de https://invdes.com.mx/tecnologia/los-ninos-japoneses-estudiaran-programacion-desde-primaria/

El software para la gestión integral en empresas agrícolas. (2016). Tecnologías para la automatización de la agricultura. Sistema agricola.com.mx. Recuperado de:

http://sistemaagricola.com.mx/blog/automatizacion-de-la-agricultura/

Fairley, J. (2019). Casas impresas en 3D. Roca Gallery. Recuperado de http://www.rocagallery.com/es/3d-printed-homes

Forbes Staff. (2018). Este auto solar se carga mientras se conduce y sale a la venta en 2019. Forbes. Recuperado de https://www.forbes.com.mx/este-vehiculo-solar-se-carga-mientras-se-conduce-y-sale-en-2019/

Hernández, C. y Montero, R. (2018). La creación del ser extraordinario. Ciudad de México, México: Grupo Rodrigo Porrúa S.A. de C.V.

Instituto Tecnológico y de Estudios Superiores de Occidente Jalisco, México. Recuperado de https://www.redalyc.org/pdf/998/99815739013.pdf

Magnolia, pictures. (1995). Steve Jobs: Entrevista perdida. Recuperado de https://www.youtube.com/watch?v=T-k-jgyHHnc

Oppenheimer, A. (2018). ¡Sálvese quien pueda! El futuro del trabajo en la era de la automatización. Ciudad de México, México: Penguin Random House. Documento de Kindle.

Peixoto, A.(2007). Reseña de "La ansiedad por el estatus" de Alain de Botton.Revista Electrónica Sinéctica, núm. 29, agosto-enero, 2006, pp. 80-82

Perasso, V. (2016). Qué es la cuarta revolución industrial (y por qué debería preocuparnos). BBC Mundo. Recuperado de: https://www.bbc.com/mundo/noticias-37631834

Pérez, J. (2019). Elon Musk enseña su ambicioso plan para conectar el cerebro a internet. EL PAIS. Recuperado de: https://elpais.com/tecnologia/2019/07/17/actualidad/1563363 118_813790.html

López, A. (2018). Japón se prepara para dar bienvenida a transporte público autónomo. Tec Review. Recuperado de https://tecreview.tec.mx/japon-se-prepara-dar-bienvenida-a-transporte-publico-autonomo/

Noticias vivienda. (2014).10 viviendas construidas con impresoras 3D en China (en un sólo día). Euroresidentes. Recuperado de https://www.euroresidentes.com/hogar/noticias-vivienda/10-viviendas-construidas-con-impresoras

Schroeder, W. (2016). La estrategia alemana Industria 4.0: el capitalismo renano en la era de la digitalización. Friedrich Ebert Stiftung. Recuperado de:

https://www.uni-kassel.de/fb05/fileadmin/datas/fb05/FG_Politikwissenschaften/PSBRD/FES_Madrid_Schroeder_Industria_4.0_ES.pdf

Smith, M. (2016). Computer Science For All. Washington D. C: The White House President Barack Obama. Recuperado de: https://obamawhitehouse.archives.gov/blog/2016/01/30/computer-science-all

Srnicek, N. y Williams, A. (2017). Inventar el futuro: poscapitalismo y un mundo sin trabajo. Barcelona, España: Malpaso. Documento de Kindle.

"World Bank Development Report 2016", citado en "Technology at Work v2.0: The Future Is Not What It Used to Be", Oxford Martin School, p.4.

104